# 地域観光事業の
## 観光立国実現に向けた処方箋
# ススメ方

井門隆夫 著

大学教育出版

# まえがき

図　歌川（安藤）広重「蒲原夜之雪」

　江戸時代の浮世絵師、歌川（安藤）広重の「東海道五十三次」に「蒲原夜之雪」という傑作がある。雪の積もる蒲原（現在の静岡市）の夜の街道を、番傘や菅笠をかぶった旅人の先を急ぐ姿を表している。
　この絵を見て、何か不思議に思うことはないだろうか。
　絵が描かれたのは、江戸時代後期（1832年頃）。この頃、日本では二種類の宿が各地で増えていった。ひとつは、街道筋にできた「旅籠」で、お伊勢参り等社寺参拝を目的とした庶民を「一泊限り」で泊めていた。なかには飯盛旅籠と呼び、飯盛女が個室で給仕をする食事付きの旅籠もあった。もうひとつは、温泉地に建った「湯治宿」である。こちらは木賃宿といい、湯治場に建ち、炭と食材持参の素泊まりが基本で「七日を一廻りとして滞在」する湯治客を主体とした。現在の温泉地の旅館には創業二百年を数える宿が多いが、この頃に誕

生した温泉宿である。実は、この絵が描かれたこの時代に、これからの日本の観光振興のヒントが隠されている。

　本書は、地域観光がどのような方向に向かえばよいのか。近年の出来事をふりかえりながら、地域観光関係者や事業者、観光を学ぶ学生に向けて、その指針とヒントを記した。そのひとつのヒントは、湯治場の時代に戻ることだ。どのような意味で戻ればよいのか、本書を読み進めながら推論をしてみていただければ幸いである。

2017年8月

井門　隆夫

## 地域観光事業のススメ方
― 観光立国実現に向けた処方箋 ―

### 目　次

まえがき ……………………………………………………………………… i

## 第1章　地域観光の現状と課題 ……………………………………… 1

1. 期待される人口減少時代のイノベーション　1
2. 訪日外国人旅行者6千万人に向けて　5
3. 訪日外国人政策のアキレス腱　10
4. 「おもてなし」の功罪　15
5. 市町村の健全財政に向け観光が果たす役割　21
6. 縮小する日本人の観光需要　26
7. 日本人市場の曜日格差　30
8. 様々な宿泊予約上の課題　36
9. 広報のススメ──消費者に知られるために　47

## 第2章　地域観光の課題解決 ……………………………………… 51

1. 協業して起こすイノベーション　51
2. 商圏拡大をめざす発想と地域戦略　54
3. PDCAに潜む罠　58
4. 着地型観光の背景と課題　62
5. 地域で通訳ガイドを養成しよう　66
6. 地域資源を「編集」、素材を「物語化」　69
7. デビュー企画を作ってみよう　72
8. 一人旅のススメ　76
9. 「健康ツーリズム」の可能性　81
10. 人ビジネスで開花する地域観光　85
11. 「解禁日」には産地直行　89
12. なぜ山の温泉旅館でマグロの刺身が出るのか　91
13. 地域は「肉食」の時代へ　95
14. 地元の食欲が拓く地域観光　99
15. 「赤いマーケティング」のススメ　103

## 第3章　課題解決に向けた取組み事例 …………………………… 106
1. 予約の取れない温泉宿の物語 —— おとぎの宿米屋　*106*
2. 地域の実行体制を作る —— 松之山温泉合同会社まんま　*110*
3. 協業・提携で付加価値を創る —— 合同会社雪国食文化研究所　*114*
4. 地域をコーディネートする「社会起業家」たち　*118*
5. 逆転の発想が「地域おこし」につながる —— NPO法人島の風　*121*
6. オープン・イノベーション（共創）から始まる地域再生　*125*
7. 「滞在」が当たり前の宿 —— 斎藤ホテル　*129*
8. 観光と福祉のコラボレーションへの挑戦 —— 住吉浜リゾートパーク　*132*
9. 温泉街のイノベーション —— 阿蘇内牧温泉　*136*
10. 地域から宿の灯を消さないために —— 海士町観光協会　*140*
11. 持続可能な地域づくりとは —— 海士町「島会議」　*143*

## 第4章　地域宿泊業再生に向けて …………………………… 148
1. 地域宿泊業の近未来　*148*
2. 装置産業への脱皮に向けて　*151*
3. 利益重視型「新規参入」旅館のメソッド　*155*
4. 変わる温泉旅館　*160*
5. 旅館は複合業態 —— ドンブリ勘定からの脱却が改革の第一歩　*163*
6. 日本旅館のFCビジネスは可能か　*166*
7. 経営から「料理」の独立を　*171*
8. 素泊まりで地域活性化　*175*
9. 地域ビジネスの拠点としての「新・湯治宿モデル」　*179*
10. 旅館料理に奇跡を　*182*
11. ペスクタリアンで地方創生　*185*
12. 注目したい旅館の「朝ごはん」　*190*

第5章　最重要課題は人材育成 …………………………………………… 194
　1. 地方観光業の人材確保に向けて　*194*
　2. 必要な宿泊業の定休日　*198*
　3. 人材評価の必要性　*203*
　4. 観光の戦略や実務をどこで学ぶのか　*206*
　5. 「起業したい若者」に未来を託そう　*211*
　6. 地域観光に最も必要なイノベーション　*214*
　7. 2025年の温泉地 ── 変わる旅館のビジネスモデル　*220*

# 地域観光事業のススメ方
― 観光立国実現に向けた処方箋 ―

# 第1章

# 地域観光の現状と課題

## 1. 期待される人口減少時代のイノベーション

**資本主義の限界**

　「地方創生」が政策課題となって久しい。日本創生会議（増田寛也座長）の通称「増田レポート」は、人口減少、とりわけ20～39歳の女性の減少が出生数の低下を誘発し、「2040年までに896の自治体が消滅する」と予測した。そのために、地方での女性の雇用創出やその障壁と想定される扶養者控除等の制度改革、あるいは長期労働の是正等に取り組む「働き方改革」など、国を挙げた政策課題になっている。

　しかし、そもそも地方創生の要因となっている「人口減少」は、長期的視点で考えると「資本主義の限界」とも言われている。人口減少の解決のためのテクノロジーは限界コストをゼロにまで押し下げ、結果として雇用を創出する以前に、雇用ニーズがテクノロジーにとって代わるというジレンマも露呈しつつある。限界コストがゼロになるということは、金利もゼロになるということでもあり、経済学者の水野和夫氏は『資本主義の終焉と歴史の危機』で「資本を投資しても利潤が出ないということは、資本主義の終焉を意味する」と評した。

　今、歴史の狭間に生きる私たちは、どのような将来を予測すればよいのだろうか。そして、地方の存続と活性化のためにできることは何だろうか。少なくともそれは、過去の延長線上にあるものではなく、様々なイノベーション（破

壊的創造）を経て得られる全く新しい仕組みのもとに実現できるものではないだろうか。地方の観光業の現状の一端を紹介しつつ、地方創生時代に求められるイノベーションについて考えていきたい。

## 生産性追求の時代

　2017年6月、民泊のルールを定めた「住宅宿泊事業法（通称、民泊新法）」が成立した。Airbnb（エアービーエンビー）等のマッチングサイトを通じて、自宅やアパートの一室を事実上ホテルとして使うことを一定程度認めるという法律だ。宿泊事業者は猛反対したが、2015年の税制改正で相続税の課税対象が広がり、空き地や畑にしておくよりもアパートを建設すると課税評価額が下がるため、相続税対策として民泊専用アパートを建てさせるという動きも後押しした。折しものマイナス金利で金融機関も融資に動き、官民あげて、日本人のタンス預金を投資に振り向けようという動きが観光業にも波及したといえよう。

　また、タクシー業界に目を向けると、Uber（ウーバー）が普及しつつあり、タクシーや代行業者に代わり、個人が運転するマイカーをタクシー代わりに有償利用する仕組みが世界的に広がりを見せ、こちらもタクシー事業者は反対ののろしを上げている。そのほかにも、自宅の軒先をミニ店舗として、あるいは駐車場を有償で貸し出す、これまでになかった新事業が世の中に誕生している。学生が空いた時間に訪日外国人向けのガイドと通訳ができるマッチングサービスも生まれ、通訳ガイドのあり方を大きく変えようとしている。

　これらに共通するのは、空いた「空間」や「時間」を有効に使うシェアリングエコノミー上のビジネスという点だ。シェアリングエコノミーは、これまでの「所有」という概念を変えようとしている。少なくとも、デフレ時代しか知らない日本の20代の若者の多くはシェアリングエコノミー賛成派であり、こうした若者がポリシーを変えずに育った時、既存事業は淘汰の波に襲われるおそれさえある。

　こうしたシェアリングエコノミーは、単なるデフレが生んだ産物ではなく、長い時間をかけて人類が作り上げてきた時代の結果だと思う。そのキーワード

となるのが「生産性」だ。シェアリングエコノミーとは、人口増加と経済成長を前提としてきた資本主義が、人口減少時代においても経済成長を続けようとする結果、全てのモノや時間の生産性を極限まで上げようとする動きに他ならない。

　生産性とは、人類が生み出した総生産を人口で割ったもの。国単位で考えれば、国内総生産（GDP）を生産年齢人口で割った「一人当りの生産額」である。よく「日本は他国に比べて生産性が低い」と指摘されることがあるが、それは他国にさきがけ「生産年齢人口が減ってきた」からに他ならない。実は10年以上にわたるデフレは景気循環の結果ではなく、生産年齢人口の減少に伴う構造的な現象だったという論については、藻谷浩介氏が著したベストセラー『デフレの正体』をお読みいただきたい。

　日本の生産年齢人口は1990年代半ばに減り始め、日本のGDPも1997年をピークに2011年まで14年間も減少を続けた。よく「失われた10年」と呼ばれるこの期間は、生産性を向上できないまま、生産年齢人口を減らした期間である。その後、GDPは2011年を底に微増に転じ、500兆円前後で推移している。すなわち、生産性改善の成果が見え始めたといえる。それは、スマートフォンの普及であり、様々なテクノロジーに裏付けられた新しいエコノミーの萌芽がみられた期間ともいえる。そのひとつの流れが、シェアリングエコノミーだ。

　おそらく日本は、これまで「一人負け」だった。しかし、他国に先駆けて生産性を改善しつつあるとしたら、日本復活もあり得るのではないだろうか。なぜなら、日本一国だけが生産年齢人口を減らしてきた時代から、欧米中韓を筆頭に、アフリカとインドを除く世界各国の生産年齢人口が、2010年代から減り始めたためである。実は、日本の生産性が向上した理由のひとつは、欧米中韓の生産年齢人口減少の反動という推察もできる。

　日本の生産性が向上し、日本が復活しつつあることに関して、水を差すような出来事も起こるだろう。これからを予測した時、大きな国際的な変動の波に襲われることも想定されるためだ。生産年齢人口の減少に伴う移民の受入れやグローバリズムが一転して保護主義に戻ろうとしている現象も、生産年齢減少

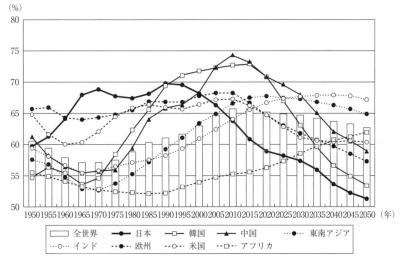

図1-1　世界の「生産年齢人口」比率推移
出所：World Population Prospects: The 2015 Revision をもとに筆者作成

に伴う歪みだとしたら説明がつく。今後、一部の国々が国際紛争という形でそれを解決しようと考え、実行した時には、その時代の端っこで取り組んでいる生産性向上や地方創生の動きにも「待った」がかかりかねない。

### 地方創生の足音

　地方都市の、とある商店街。空き店舗もかなり目立つようになり、シャッター通りと言われて久しくなっていた。シャッターを閉めた店舗の多くには自宅として老夫婦が住み続けているため、他人に貸そうにも貸せない状態が続いてきた。しかし、少しずつその老夫婦もいなくなり、都会に住む子どもがその自宅をしぶしぶ承継し、完全に空き家になってしまった店も増えていた。
　しかし、2016年に「自宅以外として承継した空き家」に関しても一定の条件の下、「空き家の譲渡所得の3,000万円特別控除」が適用されるようになった。すなわち、承継した親の住宅を売却しても、その売却益にかかる税金に対して3,000万円までの控除が適用されるようになったのだ（81年までに建てられた一戸建てで、空き家になる前は一人暮らし等の条件が必要）。

そこから、商店街の再生が始まった。古い蔵を庭に持つ家は地元の居酒屋が買い取った。蔵を民泊用宿泊施設として改造。地元の家々に友人が泊まりに来た時のゲストハウスとして再生が図られた。夕食は自宅で済ませてもよいし、居酒屋のケータリングを受けてもよい。日中は地元の女性たちの集会所としても機能している。誰かの誕生日会には地元のケーキ屋がケーキを配達してくれる。ゲストハウスの予約はスマホを使い、1時間単位でできるので、日中の利用も宿泊利用としても自由自在。スマホがルームキー代わりにもなるスマートキーが採用されている。そこにはフロントもなく、清掃以外は完全無人で運営され、徹底して生産性が追求されている。

評判は評判を呼び、いまや地元客だけではなく、これまでは縁のなかった観光客までが町に来るようになった。田んぼのレンゲ畑がSNSで発信されて以来、意外な観光スポットになったためだ。そこまでは隣接する駐車場に置かれたシェアカーを使いいつでも行くことができる。

別の八百屋だった空き店舗は、地域ファンドが出資するまちづくり会社が買い取り、観光客を相手にしたワインバーになった。賃貸で運営するのは、町の地域おこし協力隊だった若者だ。そして、一店舗、二店舗とふたたび店に灯がともるようになっていった。

…というストーリーはフィクションだが、もうすぐ目の前で起ころうとしている。様々な政策とシェアリングエコノミーが、新しいイノベーションを起こそうとしているためだ。日本各地でこうした新たなイノベーションの胎動が聞こえてきている。

## 2. 訪日外国人旅行者6千万人に向けて

「新・観光立国論」

ゴールドマン・サックス証券のアナリストとして活躍し、現在は文化財の修復を手掛ける小西美術工藝社の社長、デービッド・アトキンソン氏が著した『新・観光立国論』という書籍が注目された。「21世紀の所得倍増計画」とい

う副題もなかなかセンセーショナルだった書籍のなかで同氏は、人口減少時代にあって日本が成長するには「短期移民の受入れ」しかないと断言した。「短期移民」とは外国人旅行者のことだ。日本の観光資源のポテンシャルからすると、日本政府の「2030年に訪日外国人旅行者3千万人（当時）」という目標は低すぎ、フランスやスペインのような他の観光大国並みにGDPにおける観光業の割合である9％を目標とすべきと説いた。その後、日本の訪日外国人旅行者受入目標は2016年4月に上方修正され、2020年には4千万人、2030年には6千万人となった（日本における観光業のGDP割合も2014年で7.5％に上昇）。旅行者における外国人比率を他国並みの21％で試算すると、日本が当面ベンチマークすべき外国人旅行者数は5千6百万人が妥当な数値だという。さらに、国連世界観光機関（UNWTO）の「2030年までに観光業は1.7倍に成長する」という予測を掛ければ、2030年の訪日外国人旅行者数は8千2百万

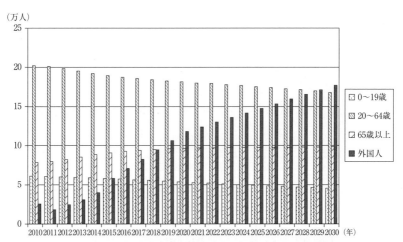

図1-2　日本人観光客の将来のべ宿泊数に訪日外国人ののべ宿泊数を重ねたグラフ（2017年以後は推測値）
日本人の推計：年代ごとの将来人口推計（中位）×旅行実施率（57％）×平均旅行回数（2.8回）×平均泊数（1.7泊）
外国人の推計：政府の2020年・2030年の目標値（それ以外の年は筆者推測値）×ホテル・旅館平均泊数（3.0泊）
出所：国立社会保障人口問題研究所「将来人口推計」、じゃらん宿泊旅行調査2016、観光庁「宿泊旅行統計調査」（2016年）をもとに筆者作成

人も夢ではないと説明している。これが本当に実現すれば、日本は名実ともに「観光立国」として経済を一層活性化させていることだろう。

　こうした訪日外国人旅行者の受入れ目標を、日本人観光客の年代別想定値に重ね合わせたグラフが図1-2である。この図は、日本人の将来人口推計や宿泊旅行実施率や平均泊数等をもとに推計した「日本人観光客ののべ泊数」と、政府の目標値に平均宿泊数を掛けた「訪日外国人ののべ泊数」を比較したものである。

　この推計に基づくと、2030年には訪日外国人ののべ泊数が日本人の成人勤労者層ののべ泊数を上回る。統計によると訪日外国人はホテル・旅館に約3泊しかしていない計算になるが、民泊や知人宅、ネットカフェ、停泊中のクルーズ船等を含めると、さらに多くの宿泊数が想定され、政府の目標値のインパクトがおわかりいただけることだろう。

## ハードルは宿泊施設の受入れ余力

　しかし、こうした高い目標達成に向けては、残念ながら障壁がある。それは、日本の宿泊キャパシティだ。

　平成24（2012）年から訪日外国人旅行者数は急激に伸び、過去最高の2,000万人を突破した。2020年の目標である4千万人まで現在と同じくらいの伸びが続くとすれば、実現も夢ではない。筆者が試算してみたところ、日本じゅうの宿泊施設の残室を足せば、あと5千6百万人を受け入れる余力がある。単純計算すれば、現在の2千万人に5千6百万人を加えれば7千6百人までを目標とすることができるとも考えられる。さらに、人口減少に伴い、日本人の旅行者が減少していくと仮定すれば、もう少し上積みできるかもしれない。

　しかし、残念ながらこれは「全国津々浦々の宿泊施設にまんべんなく、365日の客室稼働率が80％まで埋まった」としての想定である。北海道と沖縄、東京から関西・広島と続くゴールデンルートの合計は、1千万人程度しかない。ほとんどの空室が地方に存在するのである。すなわち、少なくとも4千万人や6千万人という目標値は、外国人旅行者がくまなく全国に行き渡り、宿泊するようになって初めて達成できる数値なのである。

推計にあたっては、一室あたりに1.25名が宿泊すると想定した。日本の宿泊業には「旅館」業が多く、宿泊施設営業登録軒数の約8割、客室数の約5割を占める。こうした旅館業の特徴は「和室」であり、定員は約2～3畳ごとに1名と換算するので、一室あたり3～5名が一般的な一室あたり定員となる。実はこの「一室当り宿泊人数」がこれまでの旅館業を支えてきた。1990年代まではおそらく旅館での平均的な一室当り宿泊人数は3名を超えていた。団体やグループが多かったためだ。それが現在では2名程度まで下がってきた。団体旅行が少なくなり、2名や1名の個人客が増えたためでもある。それに伴い、旅館の生産性は下がり、売上も下降線をたどった。今後はおそらく、ホテルと同様、1名台にまで下がる時代が来ると考えている。
　グラフでは、京都府の受入可能数がマイナスになっているが、これは一室当り宿泊人数が1.25名の想定値よりもう少し高いためだろう。しかし、すでにキャパシティはリミットを迎えていることは推察できる。

### 「民泊」台頭の理由

　こうした宿泊統計に基づくと、東京や京都・大阪の受入れ余力は限界に近づいており、さらに目標を達成しようとした場合、客室が不足するということも想定される。そこで、政府が推進しているのが「民泊」だ。民泊とひと言で言っても、住民との交流を目的とした「家主居住型」と、アパートの一室等の遊休不動産を活用した「家主不在型」があり、都市部の民泊はその多くが後者であると思われる。アパートの空室率は年々高まっており、遊休資産が増えているにもかかわらず、相続税制の改正で新築アパートの課税評価額が下がり、個人の相続税対策としてアパート建設も増加しつつあることによるだぶついた不動産の存在がその背景にある。
　本来、交流目的が民泊（ホームステイ）の醍醐味であり、家主不在型は周辺環境の悪化のおそれもあり、また都市部には多くのホテルの建設が続いており、民泊の是非や必要性は今後の状況に委ねられている。
　また一方で、世界各国での生産年齢人口の減少が始まったことが各国の経済成長に歯止めをかけ、徐々に訪日旅行需要に陰りが出るおそれも想定しておか

第 1 章　地域観光の現状と課題　9

## 表 1-1　都道府県別宿泊施設の想定受入れ余力

| | のべ宿泊者数（人） | うち外国人（人） | 外国人宿泊費率 | ホテル旅館等営業客室数（室）(注1) | 想定客室稼働率(注2) | 受入可能客室数(注3) | 受入可能のべ宿泊者数(注4) | 平均3.3泊の旅行者受入可能数(注5) |
|---|---|---|---|---|---|---|---|---|
| 全　国 | 465,893,370 | 44,822,090 | 10% | 1,808,097 | 57% | 411,247 | 187,631,585 | 56,858,056 |
| 北海道 | 30,970,470 | 4,034,510 | 13% | 126,565 | 56% | 30,252 | 13,802,435 | 4,182,556 |
| 青　森 | 4,759,730 | 65,760 | 1% | 27,257 | 35% | 12,363 | 5,640,615 | 1,709,277 |
| 岩　手 | 5,590,690 | 74,890 | 1% | 24,404 | 52% | 6,785 | 3,095,560 | 938,048 |
| 宮　城 | 11,334,990 | 129,580 | 1% | 36,180 | 66% | 4,932 | 2,250,180 | 681,873 |
| 秋　田 | 3,493,090 | 39,060 | 1% | 18,796 | 40% | 7,523 | 3,432,360 | 1,040,109 |
| 山　形 | 5,430,680 | 51,580 | 1% | 22,871 | 56% | 5,585 | 2,548,145 | 772,165 |
| 福　島 | 10,748,340 | 41,740 | 0% | 45,816 | 50% | 13,665 | 6,234,880 | 1,889,358 |
| 茨　城 | 5,154,170 | 93,270 | 2% | 28,308 | 42% | 10,765 | 4,911,615 | 1,488,336 |
| 栃　木 | 9,717,140 | 156,760 | 2% | 37,644 | 56% | 9,047 | 4,127,620 | 1,250,794 |
| 群　馬 | 9,138,510 | 109,190 | 1% | 36,804 | 50% | 10,972 | 5,005,910 | 1,516,942 |
| 埼　玉 | 3,974,240 | 87,220 | 2% | 22,437 | 39% | 9,300 | 4,242,965 | 1,285,747 |
| 千　葉 | 20,398,580 | 2,750,070 | 13% | 59,215 | 79% | 482 | 219,785 | 66,602 |
| 東　京 | 52,824,060 | 13,452,970 | 25% | 153,478 | 78% | 3,803 | 1,734,960 | 525,745 |
| 神奈川 | 16,840,830 | 1,321,240 | 8% | 54,372 | 71% | 5,151 | 2,350,180 | 712,176 |
| 新　潟 | 9,676,970 | 133,160 | 1% | 47,852 | 45% | 16,776 | 7,654,140 | 2,319,436 |
| 富　山 | 3,821,370 | 134,050 | 4% | 16,355 | 45% | 5,754 | 2,625,115 | 795,489 |
| 石　川 | 7,449,930 | 343,440 | 5% | 29,268 | 56% | 6,963 | 3,176,740 | 962,648 |
| 福　井 | 3,250,950 | 31,120 | 1% | 20,106 | 38% | 8,409 | 3,836,810 | 1,162,670 |
| 山　梨 | 6,928,770 | 941,830 | 14% | 35,550 | 47% | 11,903 | 5,430,650 | 1,645,652 |
| 長　野 | 18,750,560 | 649,550 | 3% | 99,197 | 40% | 40,014 | 18,256,235 | 5,532,192 |
| 岐　阜 | 6,042,480 | 662,100 | 11% | 28,776 | 47% | 9,504 | 4,336,000 | 1,313,939 |
| 静　岡 | 20,923,330 | 796,970 | 4% | 81,243 | 57% | 18,423 | 8,405,335 | 2,547,071 |
| 愛　知 | 14,653,230 | 1,487,260 | 10% | 56,450 | 60% | 11,350 | 5,178,220 | 1,569,158 |
| 三　重 | 9,686,440 | 160,460 | 2% | 34,617 | 56% | 8,199 | 3,740,695 | 1,133,544 |
| 滋　賀 | 4,074,590 | 233,490 | 6% | 17,560 | 58% | 3,904 | 1,781,000 | 539,697 |
| 京　都 | 20,087,510 | 3,409,270 | 17% | 42,436 | 97% | ▲ 7,221 | ▲ 3,294,680 | ▲ 998,388 |
| 大　阪 | 23,881,430 | 5,837,800 | 24% | 77,908 | 75% | 3,639 | 1,660,220 | 503,097 |
| 兵　庫 | 13,226,080 | 656,090 | 5% | 49,159 | 60% | 9,864 | 4,500,435 | 1,363,768 |
| 奈　良 | 2,480,220 | 138,080 | 6% | 11,955 | 40% | 4,824 | 2,200,955 | 666,956 |
| 和歌山 | 4,441,600 | 288,210 | 6% | 21,972 | 43% | 8,022 | 3,660,060 | 1,109,109 |
| 鳥　取 | 3,540,280 | 54,910 | 2% | 14,702 | 43% | 5,403 | 2,465,310 | 747,064 |
| 島　根 | 3,274,100 | 28,190 | 1% | 13,726 | 52% | 3,793 | 1,730,770 | 524,476 |
| 岡　山 | 5,216,680 | 108,760 | 2% | 23,551 | 51% | 6,749 | 3,079,455 | 933,168 |
| 広　島 | 7,942,310 | 441,170 | 6% | 31,122 | 61% | 5,999 | 2,737,270 | 829,476 |
| 山　口 | 4,379,090 | 50,140 | 1% | 20,719 | 48% | 6,710 | 3,061,625 | 927,765 |
| 徳　島 | 2,256,720 | 35,630 | 2% | 11,243 | 49% | 3,498 | 1,595,975 | 483,629 |
| 香　川 | 3,585,200 | 152,330 | 4% | 15,373 | 49% | 4,812 | 2,195,255 | 665,229 |
| 愛　媛 | 3,599,020 | 65,340 | 2% | 19,898 | 40% | 7,992 | 3,646,280 | 1,104,933 |
| 高　知 | 2,873,700 | 38,130 | 1% | 14,839 | 43% | 5,562 | 2,537,785 | 769,026 |
| 福　岡 | 13,986,570 | 1,327,200 | 9% | 52,060 | 66% | 7,327 | 3,342,750 | 1,012,955 |
| 佐　賀 | 2,637,180 | 78,840 | 3% | 10,882 | 55% | 2,774 | 1,265,580 | 383,509 |
| 長　崎 | 7,254,700 | 495,560 | 7% | 33,477 | 47% | 11,010 | 5,023,365 | 1,522,232 |
| 熊　本 | 7,057,610 | 506,060 | 7% | 32,726 | 46% | 11,019 | 5,027,250 | 1,523,409 |
| 大　分 | 6,711,060 | 373,670 | 6% | 31,900 | 42% | 11,971 | 5,461,630 | 1,655,039 |
| 宮　崎 | 3,716,050 | 173,240 | 5% | 19,114 | 40% | 7,647 | 3,488,950 | 1,057,258 |
| 鹿児島 | 7,322,530 | 269,110 | 4% | 35,897 | 46% | 12,095 | 5,518,155 | 1,672,168 |
| 沖　縄 | 20,789,590 | 2,313,070 | 11% | 62,317 | 70% | 5,938 | 2,709,055 | 820,926 |

出所：観光庁「宿泊旅行統計調査」、厚生労働省「生活衛生関係営業施設数」をもとに筆者が推計して作成
注1：ホテル・旅館・簡易宿所の客室数（平成26年度）。簡易宿所に関しては10室／軒として想定した。
注2：客室稼働率は、365日営業、一室1.25名として想定した。
注3：客室稼働率が80％に達するまでの差（余力）を受入可能客室数とした。
注4：受入可能客室数×1.25名。
注5：外国人の一人あたり宿泊数が平成26年には3.3泊であったことから、受入れ可能宿泊者数を3.3で除した数値。
注6：平成26年の訪日外国人旅行者数は1,340万人。

なくてはいけない。

## 3. 訪日外国人政策のアキレス腱

**高まらない旅館の客室稼働率**

　訪日外国人目標達成に向けたハードルは都市部での客室不足の他にもある。それは、今後、都市部に続く受け皿となっていくべき地方の宿泊施設、とりわけ旅館の現状である。

　都市と地方を分けた場合、ホテルは都市立地が相対的に多く、旅館は地方に多い。もし、訪日外国人受入れ政策を推進していくとすれば、地方の旅館業はホテル業に置き換えられていってしまうかもしれない。しかし、旅館は日本情緒を味わえ、外国人旅行者には旅館に泊まりたいというニーズも少なくない。第一、ホテルが地方で経営が成り立つのか。旅館業は地域の雇用の受け皿としても機能している。果たして、旅館業がホテル業に置き換えられていくことが地方にとってメリットがあるのか、訪日外国人の目標を達成するためという理屈だけでは片づけられない問題を秘めている。

　なぜ、旅館をホテルに置き換える必要があるのか。

　その大きな理由は、客室販売主体の装置産業であり、少数での運営が可能な

表1-2　都市・地方における宿泊施設の客室数（平成26年度）

| （室） |  | ホテル | 旅館 | 簡易宿所（想定） | 合　計 |
|---|---|---|---|---|---|
| 都　市 |  | 330,907 | 119,040 | 22,190 | 472,137 |
|  | 構成比 | 40% | 17% | 8% | 26% |
| 地　方 |  | 503,681 | 590,979 | 241,300 | 1,335,960 |
|  | 構成比 | 60% | 83% | 92% | 74% |
| 合　計 |  | 834,588 | 710,019 | 263,490 | 1,808,097 |
|  | 構成比 | 100% | 100% | 100% | 100% |

出所：厚生労働省資料をもとに筆者作成
注1：簡易宿所に関しては室数データが存在しないので、軒数×10室として想定した。
注2：都市とは、東京都及び政令指定都市、地方とはそれ以外とした。

ホテル業と違い、旅館は家族経営主体の労働集約型産業であり、客室稼働率を上げられないという事情があるためだ。客室稼働率を通年で80％に上げることは旅館業では困難と言わざるを得ない。

表1-3は、宿泊業態別の全国での年間客室稼働率である。ホテルに関しては、全国平均稼働率は70％を超え、シティホテルに関しては、取消もあることから事実上「ほぼ満館」とされる80％に達しようとしている。一方、旅館に関しては、全国平均稼働率は38％にとどまる。全国で最も低い沖縄県に関しては8％とほとんど稼働していない。新潟県に関しても24％と、4分の3の客室が使われていないことになる。

この低い稼働率の背景としては、小規模な民宿業が多いことが挙げられる。沖縄県の民宿はお盆や正月、冠婚葬祭などコミュニティに来客があるような時に稼働する民宿が多い。新潟県は、スキー場に立地し、農閑期となる冬期間だけ営業する「半農半宿」式の兼業民宿が多い。いずれも旅館業は副業であったり、受給年金で生活していたりする。そうした宿は通年での営業はせず、ターゲットとする需要がある時にだけ営業している。

徳島県の山間部、上勝町にある農家民宿「里がえり」は、急峻な棚田の里に建つ自宅を開放し、80歳を超える植松さんご夫妻が宿を営む人気の宿だ。自宅で食べるだけの農作物を作りながら営業する宿が迎える客は、1日1組、月

表1-3　宿泊業の客室稼働率／都道府県別上位・下位（平成28年）

| 全国順位 | 旅館 | (％) | リゾートホテル | (％) | ビジネスホテル | (％) | シティホテル | (％) |
|---|---|---|---|---|---|---|---|---|
|  | 全国平均 | 37.9 | 全国平均 | 57.3 | 全国平均 | 74.4 | 全国平均 | 78.7 |
| 1 | 東京都 | 62.0 | 大阪府 | 89.3 | 大阪府 | 85.4 | 大阪府 | 87.9 |
| 2 | 石川県 | 54.1 | 千葉県 | 82.5 | 京都府 | 84.6 | 東京都 | 87.6 |
| 3 | 大阪府 | 47.7 | 沖縄県 | 76.6 | 東京都 | 83.5 | 神奈川県 | 82.1 |
| 45 | 徳島県 | 23.8 | 山形県 | 26.7 | 宮崎県 | 64.1 | 宮崎県 | 58.8 |
| 46 | 新潟県 | 23.7 | 鳥取県 | 25.5 | 茨城県 | 62.4 | 山梨県 | 58.1 |
| 47 | 沖縄県 | 7.6 | 秋田県 | 21.0 | 秋田県 | 60.2 | 福井県 | 56.4 |

出所：観光庁「宿泊旅行統計調査」をもとに筆者作成

に5組だけ。それも営業は5月から10月の半年間だけだ。高齢ゆえ、過度な負担をしてまでの営業はできず、できる範囲での宿業を心がけているためである。しかし、山に雲海が発生するとまるで雲の上に浮かぶような別天地にある宿は、クチコミで広がり、予約の順番待ちを多くのリピーターが心待ちにしている。この宿の年間客室稼働率は8％（5室×6か月÷365日）。実は、日本の旅館業にはこうした宿が多いのだ。

　逆説的に考えると、客室稼働率が低くても、収支（生計）が成り立つということは、副業や自給自足の面も含めて、日本の地方は「豊か」である証拠とも言えるだろう。

　しかし、小規模な家族経営の民宿はさておき、温泉地に建つような大規模な旅館の稼働率はどうなっているのか。こうした旅館が3千2百軒加盟する日本旅館協会では毎年自主調査を行っている。平成26年度調査によると、全国平均58％（100室以上の大型旅館57％、中型旅館60％、30室以下の小規模旅館49％）と、観光庁の全数調査に比べて高い数値となっている。日本旅館協会加盟旅館の多くは、かつて政府登録旅館として外国人を受け入れる目的をもって建設されている宿も多く、こうした旅館にはすでに訪日外国人が泊まっていることが推察される。また、協会非加盟旅館は、その多くが小規模家族経営と想定され、少なくとも2～3万軒は存在する。すなわち、そうした小規模家族経営の宿の稼働率が低く、軒数も多いがゆえに、旅館業全体としての客室稼働率が低くなるのである。

　一方、大規模旅館でも、労働集約型産業であるがゆえにある事情で稼働率を高められなくなってきている。それは、人手不足である。特に、調理師や接客サービス係の不足は年々業務に影響を来すようになり、人手がないために営業を縮小せざるを得ないという状況も生まれている。これは生産年齢人口減少と地方から都市への人口流入が続く限り構造的な問題であり、事業構造のイノベーションを図らずして解決は難しい。この点は第3章で詳しく述べる。

## インバウンドへの影響

　旅館が家族経営ゆえに稼働率を高められないという点で問題となってくるのは、政府の「訪日外国人旅行者（インバウンド）受入れ」目標への影響である。インバウンドを今後増やしていくための重要な問題として、宿泊先の確保や空港の発着枠数の拡大等がある。全国の「ホテル」はすでに客室稼働率が平均で70％を超えており、おそらくせいぜい1千万人分程度の客室しか出てこない。2020年・訪日外国人4千万人に向け、プラス2千万人を達成するためには、ホテルの残室数だけでは足りないのだ。そのためには、地方旅館業の受入れ促進が不可欠となってくる。もちろん、そのなかには、客室稼働率を高めるより生活ペースを守りたいという宿も入ってくる。そこをどう解決していくかという課題が現在の観光政策の陰に隠れている。

　例えば、長野県では、旅館客室稼働率が全国でも低い部類に入ることから、その改善を目指して「インバウンド受入地域拡大事業」を実施し、訪日外国人増加による宿泊業の客室稼働率向上に取り組んでいる。ところが、実際手を挙げたのは既に訪日外国人が増えている白馬や野沢温泉、山ノ内町といったエリアの旅館が多く、旅館業への効果はまだ一部に過ぎないそうだ。

　全国をみても旅館業の稼働率改善を目的とした取組みはあまり行われてはおらず、「民泊」の拡大や古民家を改造した宿泊業の新設を推進など、既存旅館業以外の分野で客室の不足を補おうとする地域が増えているように思える。すなわち、産業全体として、徐々に旅館業が「蚊帳の外」に置かれるようになってきている気がするのだ。もちろん、「外国人の受入れをしなくても、稼働率を無理に高めなくても、これまで来ていただいたお得意様に愛される旅館づくりができればよい」「高齢になって今以上の無理はできない」と思っている経営者が多いとすれば、通り一遍の判断はできないのは確かであるが、観光立国を目指すうえで悩ましい課題である。

## 業態細分化の必要性

　地域経済の発展か、生活ペースの維持か。いずれも重要には違いがない。しかし、そうした旅館を同じ土俵の上で「旅館」とカテゴライズしていること自

体に無理が生じているのではないか。むしろ、稼働率を高めたい旅館群とそうではない旅館群は別カテゴリーで扱ったほうが双方にとってメリットがあるように思う。

以前、訪日外国人誘致のために、積極的な旅館に対する「政府登録制度」があった。この際は、客室にバス・トイレがあるとか、一定の客室数や広さがある等、施設面での条件で決められていたが、今後は「客室稼働率を高めることが可能である」「外国人を受入れるためのソフト充実を目指す」など、ソフト面での条件を表記してみてはどうか。以前の政府登録制度では、固定資産税の一部減免措置があったが、今後は、雇用面での優遇措置（例えば、外国人就労者の入国手続きの軽減など）を施してはどうか。

よく「宿泊・飲食業の労働生産性は低いので改善が必要」と指摘されることに対して、ホテル業が「ホテルではそのようなことはない」と反論していることも似たような話である。小さな民宿から大規模ホテルまでを同じカテゴリーで表現することにはそもそも無理があり、そうしたカテゴリーに基づくデータをベースにした政策の実現は容易ではない。

今後、地方でインバウンド推進による旅館の客室稼働率アップが一層議論されていくことは確実だろう。その際、「旅館」をひとくくりにするのではなく、推進に前向きであるかどうかを調査し、そのうえで政策を推進していくことが必要になってくるのではないだろうか。

その際、一点つけ加えておきたい論点は、旅館の客室稼働率アップとは、すなわち「客数を追う」ことにつながるのだが、現状の事業をそのままで客数を追うと、インバウンドを推進したい旅館を含めて、事業者の「ブラック化」と一層の人手不足を招きかねないという矛盾にぶつかる。そのため、矛盾を解決するためのイノベーションが必須となってくるのだが、それが事業者だけでは解決し得ないのだ。それは、外国人労働者の導入であり、業務効率化に結びつくICT（Information and Communicatiou Technology）化であり、そもそもの業態の転換等である。

将来的な地方観光の理想は、客数を追うのではなく、客単価を上げ、収益を確保していくことだ。その価値が地方にはたくさん眠っていることに気づく

ことから始めなくてはいけない。しかし、そこに至るまでに、まず必要なのは個々の事業者の「資本力」であり、そのための収益を稼ぐための「客室稼働率」アップなのだ。いかに資本力なき旅館が、人手不足の中で客室稼働率を上げていくことができるのか。現時点では、こうした矛盾があることを認識しつつ、課題整理と課題解決に向けた長期的なロードマップを描き、共有することが重要なポイントとなっている。


## 4.「おもてなし」の功罪

### 「数」を追える業種と追えない業種の対立

　生産年齢人口に加えて、2006年から総人口も減少を始めた日本。現在、地域観光の現場では、「客数」（数）を追える業種と追えない業種での対立が生まれている。

　数を追える業種とは、簡単に言えば、人的資源の投入量以上に装置の回転率で収益が決定する「装置型産業」であり、追えない業種とは、装置規模に限界があり、人的資源の投入により価値を高め、収益を確保していく「労働集約型産業」である。

　前者には、運輸業、スキー場やテーマパーク、大規模なホテル業、そうした業種を活用することにより手数料収入を得る旅行業等が含まれる。さらには、そうした業種と連携してキャンペーンやイベント等、一時に大量集客を目論む行政も含まれる。

　後者としては、小規模な旅館業をはじめ、多くの観光客が来られることにより環境や社会に負荷のかかる農山漁村地域、そうした地域の資源を商材とした着地型観光（後述）、住民との共存を目指す行政組織等が挙げられる。

　前者は数を追えるので、これまで通りの観光を推進したいのだが、数を追えない後者は、人手がなく、一人あたりの業務負荷や環境負荷ばかりが増えていく。数を追える業種が数を追えなくなった時には単価を下げられるが、後者が単価を下げるとより負荷が増え、満足度も下がり、収益は減少する。こうした

矛盾が生まれつつあるのだ。

　これまで「観光」と呼ばれたカテゴリーは一貫して前者だった。1971年に米国主導でブレトン・ウッズ体制から変動相場制に移行した、いわゆる「ニクソンショック」をきっかけとして進んだ円高に乗り海外旅行が急激に伸び、国内外でパックツアーが誕生した。

　高度経済成長を経て豊かになった日本で円建て国債発行による投資が増えていったのもこの頃からだ。日本列島改造論をきっかけとしたリゾートブームにつながり、1980年をピークに下がり続ける金利に乗じる形で、地方の旅館も大型化していった。日本人による日本人のための「数を追う観光」が開花した時代である。しかし、その沸騰も、1997年前後に生産年齢人口が減少に転じたことで曲がり角を迎える。

　長らく「ものづくり」大国として存在してきたわが国では、製造業に比べると収益性も労働生産性も低い「観光」が脚光を浴びることや成長産業とは言われることはなかった。しかし、2003年、当時の小泉総理が高らかに「観光立国宣言」をし、2006年、観光立国推進基本法が成立、2008年には観光庁が設置された。長きにわたる生産年齢人口の減少を予期した時、妥当ななりゆきであろう。1971年から始まった円高により製造業は生産拠点を海外（とりわけアジア）に移し、それに伴いアジア各国の経済成長も始まった。生産年齢人口が増加し、経済が成長する国々から観光客を呼び込むことこそ、経済の成熟した「観光大国」の姿であるからだ。

　日本人の代わりに外国人旅行者をあてはめれば、数を追う観光を継続できるという思惑も働いたことだろう。しかし、現実として起きているのが、移民には積極的ではない日本の地方観光の現場での人手不足である。生産年齢人口の減少という構造的問題の解決なしに、数を追う観光を継続していく限り、この構造的な矛盾が発生する。これが地方観光の根源的な問題点である。

## 「天動説の客」と「地動説の客」

　2020年東京オリンピック招致の際に行われたIOC総会での最終プレゼンテーション。その中でも、招致アンバサダーの滝川クリステルさんの素晴らし

いプレゼンは多くの日本人の脳裏に刻まれていることだろう。

「皆様をユニークにお迎えします。日本語でそれを『おもてなし』と表現します。見返りを求めないホスピタリティの精神は、先祖代々受け継がれながら、日本の文化に深く根ざしています」。そう聞いた時、思わず涙が出そうになった。「そのとおり！」。

しかし、残念ながら、日本の商業主義は「おもてなし」をはき違えていないだろうか。単なるサービスを「おもてなし」と過剰表現することにより、期待しない利用者を自ら増殖し、そのあおりでサービスを担当するスタッフが疲弊し、ただでさえ人手不足で悩む地方において、産業がブラック化し、人手が一層逃げていっていないか。過剰な「おもてなし（という名の無償サービス）」の結果、収益を圧迫し、自己資本不足に陥り、産業自体が縮小していっていないか。その典型が「旅館」業だとすれば、現在起きている旅館の減少の説明にもつながる。

デービット・アトキンソン氏は「おもてなしでは客を呼べない」と述べているが、おもてなしとは本来、誘客のために使うものではなく、あくまで「再度来てみたい」と思ってもらえるような満足度を醸成するものだ。しかし、「数を追う」べく、一見客の集客のために使われたがゆえに「おもてなし」が形骸化し、単なる無償サービスを全て「おもてなし」と表現するようになってしまったのではないか。その結果生まれたのが「天動説の客」である。

天動説の客とは、「自分の価値観に合わせてサービスをして欲しい」と願う客のこと。そのサービスは無償であることが多く、その天動説の客に向けたサービスを、する側もされる側も「おもてなし」と呼んでいないだろうか。

「お客様は神様である」というフレーズがある。歌手の三波春夫さんの言葉だが、三波春夫さんのお嬢様が管理するホームページによると、誤った使われ方をすることが多いという。本来は『私が舞台に立つとき、敬虔な心で神に手を合わせたときと同様に、心を昇華しなければ真実の藝は出来ない』と考えた三波さんが「神様」と言ったのは「観客」のこと。決して『お金を払う客なんだからもっと丁寧にしなさいよ。お客様は神様でしょ？』というような使われ方をしてはいけないのだ。そこには、主と客、双方のお互いに対する「思い」

がある。そもそも「おもてなし」とは、茶道の「もてなし」が起源という説がある。茶道においても、茶でもてなす主ともてなされる客の間には、相互の信頼と敬虔な「思い」がある点は三波春夫さんの舞台と同様だ。「もてなし」は片方からの思いや行動だけでは成立しない。片方からの行動は「サービス」である。それは、テニスの「サービス」と同義である。

　一方で、地動説の客とは、「その地、その宿の習慣ややり方に合わせて自分を変え、旅を楽しむ」客のこと。旅先に行っても自分の日常に合わせられると旅をしている意味が薄れてしまうと考えている。海外に行くと日本人でも「日本人の多いホテルに泊まると少し興ざめする」という声が聞かれるようになったが、それと同様である。パックツアーが始まった頃は「日本人だけのホテル」が売り文句になった時代もあったと記憶しているので、日本の旅人自体も変わってきたと思う。こうした地動説の客は、欧州をはじめとした観光大国の旅行者に多いように思える。消費に合わせて供給量を増やす、数を追うマス・ツーリズム（mass tourism）ではなく、供給量に合わせて消費をセーブし、その価値を楽しむサスティナブル・ツーリズム（sustainable tourism）を志向している。サスティナブル・ツーリズムに関しては、それまでのマス・ツーリズムに対して代替的であることから、オルタナティブ・ツーリズム（alternative tourism）とも呼ばれる。

　現代の日本において「おもてなし」を追求するのであれば、増やすべきは「地動説の客」であり、「天動説の客」は極力排除していくか、天動説向けのサービスを行う専門業態で対応していくほかはない。あくまで「おもてなし」とは、双方の思いが通じた場面において成り立つものである。

### 旅館の「おもてなし」

　そうした「おもてなし」には、利用者も違和感を持っているのではないかを示すデータがある。2011年にJTB協定旅館ホテル連盟が行った「旅館の価値に関する調査」である。

　この調査は、「旅館のおもてなし」とは何かを追求していた同連盟の旅館経営研究委員会が主体となり、各年代まんべんなく、合計3,600名もの日本人を

表 1-4　旅館でなくてもよい人的サービス（上位 5 位）

| カテゴリー | 内容 | 回答者数（人） | なくてもよい（%） |
|---|---|---|---|
| 仲居 | 到着時にお部屋やロビーで仲居さんが、おしぼりと接茶のサービスを提供してくれる | 1,846 | 51.3 |
| 仲居 | 仲居さんが荷物を持ってくれ、親しみを感じるような会話をしながら、部屋まで案内してくれる | 1,812 | 50.3 |
| 仲居 | 担当してくれた仲居さんがお帰りの際も、荷物を運んでくれ、最後までお見送りをしてくれる | 1,703 | 47.3 |
| ホスピタリティ | 部屋に入ってから、あらためてキチンとした挨拶があり、まごころを込めて歓迎してくれているのが伝わってくる | 1,686 | 46.8 |
| 仲居 | 玄関で女将さんや仲居さん達が明るく笑顔で出迎えてくれ、歓迎・感謝の心が伝わってくる | 1,299 | 36.1 |

出所：JTB 旅ホ連ニュース 2012 年 6 月号

対象として行われたものだ。接客、チームワーク、料理、風呂と旅館を構成する様々な要素について「旅館の価値として感じるものは何か」「不要なサービスは何か」等を調査した。

　しかし、その結果は、それまで旅館がよしとしてきたものを覆すものであり、「おもてなし」について一層考え直さざるを得なくなった。

　とりわけ、過半数の人が「不要」と答えたのが、仲居さんのサービスだった。「お部屋まで荷物を持ち、会話をしながらお茶を出すこと」が不要と答えられたのだ。「どちらでもない」を除き、「必要」と答えた回答者数を圧倒的に凌駕していた。

　このデータを出すのにはとても勇気がいる。なぜなら、実際に、おもてなしの気持ちを込め、日々の接客に励んでいる女将さんや仲居さんの目に触れれば、とてもショッキングな結果だからだ。ただし、この表を鵜呑みにしてはならない。全ての旅館でこうしたサービスをやめては、日本旅館は台無しだ。その前に、自分たちの行っている行動を常に見直し、こう言われないためにその質を一層高めていくことを考えるのが先決である。「おもてなし」とは客のどんなわがままにも対応するものではなく、あくまで「その地、その宿に行きた

い」と思う「地動説」の旅行者の満足を高められるように環境を整え、個性を磨いていくことだ。

　しかし、残念ながら、全ての旅館でそうした「おもてなし」がされてはおらず、「天動説」客の言いなりになることに慣れ、過剰な無償サービスで防衛するようになってしまった結果、思いのない「おもてなし」が標準サービス化し、客にとって価値のないものとみられるようになってしまったのではないか。社員を犠牲にしてまで、無償サービスにより天動説客の要求から防衛を図るくらいなら、むしろそうした無償サービス（おもてなし）はやめてしまったほうがよい。アンケートはそう思う消費者が多いという結果ではなかったのだろうか。さもなくば、旅館業が稼働を高めれば高めるほど、天動説の利用客に向けた「おもてなし」のせいで労働環境は悪化し、人手不足はより深刻になるおそれがある。

　また、アンケートでは「旅館として価値を感じるもの」の上位5つも聞いている。「温かい料理は温かく」「大浴場は清潔に」「サービスは迅速に」と、裏方の努力やチームワークが必要なものばかりが挙げられた。

　おもてなしとは、双方に思いがある限り、サービスとして標準化されるものではなく、予告なく瞬間的に、臨機応変に行われるものであり、予定調和で行

表1-5　旅館に期待する、価値と感じる要素（上位5位）

| カテゴリー | 内容 | 回答者数（人） | とても感じる（%） |
|---|---|---|---|
| 食事 | 温かい料理は温かく、冷たい料理は冷たい状態でおいしく、タイミング良く料理を出してくれる | 1,554 | 43.2 |
| 大浴場 | 大浴場は清潔感があり、備品類が補充され、風呂桶、椅子などが整頓されている | 1,301 | 36.1 |
| 迅速性 | 頼んだことは間違いなく、待たせずやってくれる | 1,089 | 30.3 |
| 振舞い | 「心構え」「身だしなみ」「立居振る舞い」「言葉遣い」がしっかりしている | 1,078 | 29.9 |
| チーム | スタッフ間の連携プレーやチームワークが良く、心地良く過ごせるよう、気配りをしてくれている | 975 | 27.1 |

出所：JTB旅ホ連ニュース2012年6月号

われるものではない。あくまで事前期待どおりが求められるのは機能的なサービスであるが、そうしたサービスが「旅館の価値」として認められてしまっている。

調査結果を見ていて思うことは、生産年齢人口の減少に伴う長いデフレ経済により、私たちの心は、機能に特化した格安サービスに慣れきってしまい、おもてなしを生む余裕も機会も失ってしまっていたのではないかという点だ。格安サービスを求めている人は、おそらく「おもてなし」を期待していない。格安でしようと思ってもできるおもてなしは、マニュアル的なものであり、それがこのアンケートに表れたのだと感じている。

しかし、最も危惧すべきことは、この間、おもてなしを経験する機会なく育った若者たちが、おもてなしの心を理解できずに、またそうした教育を受けずに育ってしまっていないかという点である。

先日、ある学生がホテルで言った言葉に耳を疑った。それは、学生たちが宿泊していたホテルスタッフが内緒で、その日に誕生日を迎えた学生に対してサプライズをしてくれた時のことだった。感動する本人を後目に、他の学生が「不公平ではないですか」と言ったのだ。たまたま当たった誕生日の学生だけがハッピーになり、当たらない学生には何もないのか、と。

これはごく一部の例外だと信じたい。多くの若者は、大人と同じように、おもてなしの心を理解していると。しかし、2020年、おもてなしの表舞台に立つのはこの若者たちだ。少なくとも招致の際のプレゼンテーションが嘘だったと言われないように、オリンピック開催までに正しい「おもてなし」を復活させておきたい。

## 5. 市町村の健全財政に向け観光が果たす役割

### 観光は要らない

ここまで国ベースの「観光」の果たす役割について述べてきた。ひと言で説明すると、国家の観光戦略とは「生産年齢人口減少に伴う経済停滞を交流人口

（数）の増加で補いながら、同時にICT等の活用により観光業をはじめとするサービス業の付加価値を上げ、増えゆくサービス業の労働生産性を向上することにより、将来的にGDPを維持・向上していくための成長戦略」ということができる。現在はその戦略推進が緒に就いたばかりであり、戦略を進めるうえでの人材不足、資本不足という壁にぶつかっている。

　一方で、そうした戦略を具体的に実行していくのは、各地域の自治体である。国と並行して地方自治体においても観光の果たす役割について再認識をしていく必要がある。観光がどのように地方を豊かにしていけるのか。

　残念ながら、多くの地域においてよく聞くフレーズは「観光は要らない」だ。「観光客が持ってくるものはゴミと渋滞」で、「町に最も必要なのは観光客向けの公衆トイレ」だという。なぜかと聞けば「消費しない町あるき（歩くだけ）観光客からトイレを貸してくださいという声が増えている」ためだからとか。こうした住民の声は、これまでのマス・ツーリズムの遺産であり、観光による経済効果よりも生活への悪影響を不安視される実態が多いのが現状だ。この点は、「数」を追ってきた観光の副作用である。

　自治体においても、かつて観光課といえば予算の少ない日陰部署であり、観光課に異動というのは左遷と同義だった時代もあった。ところが、現在、国の観光戦略の推進により、予算規模が拡大し、地方自治体においても観光は花形部署に変化してきている。

　しかし、「ゴミと渋滞」ばかりを持ってきて、地域環境への負荷ばかりが大きいこれまでの地域観光をどのように変えていけばよいのか模索しているというのが、現在の多くの自治体の姿だろう。そして、新たな観光を企画・推進しようと行政マンが画策していると、これまでの観光で成功を収めてきた地元の民間人たちに行く手を阻まれる。住民が「要らない」と言っている観光とは、こうした過去に栄華を極めた観光のことであり、こうした観光をまだ推進しようとして行く手を阻む人たちの「花道」を作ることが自治体の最大の懸案事項になっていたりする。

## 「原発」対「観光」

　まずは、住民に観光の経済効果をわかりやすく説明することから始めなくてはいけない。それも将来を背負って立つ、できるだけ若い人たちに観光の意義や経済効果を理解してもらうことが必要だ。筆者も各地の高等学校への出前授業で観光について語ることが少なくない。その際、観光が地域の財政に及ぼす力が大きいことを示すために使う資料がある。それは「全国の市町村の財政力指数ランキング」だ。

表1-6　財政力指数ランキング（上位10市町村）

| 順位 | 都道府県 | 市町村 | 財政力指数 | 備考 |
| --- | --- | --- | --- | --- |
| 1 | 愛知県 | 飛島村 | 2.09 | 電源立地 |
| 2 | 北海道 | 泊村 | 1.81 | 電源立地 |
| 3 | 青森県 | 六ケ所村 | 1.62 | 電源立地 |
| 4 | 福島県 | 大熊町 | 1.58 | 電源立地 |
| 5 | 山梨県 | 山中湖村 | 1.55 | 観光 |
| 6 | 千葉県 | 浦安市 | 1.50 | 観光 |
| 7 | 長野県 | 軽井沢町 | 1.49 | 観光 |
| 8 | 茨城県 | 東海村 | 1.44 | 電源立地 |
| 9 | 東京都 | 武蔵野市 | 1.44 | 富裕層住民 |
| 10 | 神奈川県 | 箱根町 | 1.41 | 観光 |

出所：平成27年度総務省資料をもとに筆者作成

　財政力指数とは、「基準財政収入額」を「基準財政需要額」で割ったもの。分子には税収などの収入が、分母には町を運営するために必要な額があてはまる。収入が大きければ、1を上回り、収入より需要額の方が大きければ1を下回る。すなわち、1以上は黒字市町村、1未満は赤字市町村といえる。1未満になると町の適正な運営ができなくなることから、国から地方交付税交付金が交付される。1以上の場合は「不交付団体」とされ、自ら得た財源のみで運営できている市町村である。不交付団体は1741の市町村のうち65と4％弱しかない。そのほとんどが赤字運営をしていることになる。

　しかし、地方交付税交付金を与えられることから、赤字の痛みを感じること

なく過ごせていることも問題であり、今後、国の歳出を減らしていくうえでも地方の自立（財源確保）が一層重要になってくる。

　財力力指数の上位トップ10を見てみると、日本一は、愛知県の飛島村。地図を見ていただければすぐにわかるが、飛島村は伊勢湾に面し、ちょうど名古屋港の入口にある「村」である。財政が豊かなため、周辺自治体と合併する必要もなかった。村の多くは埋め立て地で、ここには臨海工業地帯の工場に加えて火力発電所が立つ。発電所に関しては固定資産税収入のほか、「電源立地」関連の交付金も交付され、その建設と引き換えに市町村は交付金で潤う仕組みになっている。そのため、上位には「電源立地」の市町村が多い。泊村は、北海道電力の泊原発。六ヶ所村は核燃料サイクル施設。大熊町には東京電力の福島第一原発が立つ。ベスト10の半数が原発や火力発電所等の「電源立地」だ。

　一方で、観光関連事業で豊かな財政を実現している市町村も4つある。山中湖村や軽井沢町は別荘地を抱える観光地であり、浦安市は東京ディズニーリゾートが、箱根町には多くの旅館・ホテルが立地し、それぞれの固定資産税や法人税が市町村に入ってくる。すなわち、トップ10は「原発」対「観光」の図式になっている。

　ちなみに、1741市町村のうち、ワースト10は、ほとんどが離島だ。高齢者比率が高く、生活や産業維持のための港湾を持つために、分母となる財政需要額が高いというのが共通の構図である。上位には、住民を多く抱える都市部の市町村が多く、正直、観光立地だからといって必ずしも上位になるわけではない。しかし、同じ県内で比べた場合、観光立地の市町村は相対的に上位にくる傾向も見られる。

　すなわち、地域にとって「観光」とは外部からの交流人口の増加により、別荘の固定資産税や観光事業者の法人税、温泉地の入湯税等の自主財源をもたらすことができる、地域にとっての一大産業なのである。今後、海外の観光大国に倣い、観光税などの法定外目的税を導入する市町村も出てくることだろう。

　原発の交付金で潤う町を作るのか、観光客を呼び込み豊かな町を作るのか。極論で恐縮だが、観光の効用を住民に説明していく時、そうした問いかけから始めることも必要ではないかと考えている。

## 住民が活躍する新しい観光まちづくり

　では、地域にとって理想の「観光」とは何だろう。それは、おそらく財政力指数では図り得ないものだとも思う。むしろ、近いのはブータンのGNH（国民総幸福量）だろうか。

　手っ取り早い行政主導で、固定資産税・法人税・入湯税が、町の「観光」の主要財源と考える限り、猫も杓子も「公営の日帰り温泉付き道の駅」を造ろうという典型的発想になる。もちろん、道の駅が悪いというわけでは決してない。比較的早期に収入を実現できる観光資源の創造であることには間違いない。しかし、「猫も杓子も」がいけない。このままでは、道の駅「だらけ」になり、競合して「共倒れ」になってしまう。そのために、それ以外の発想力をつけることが今求められている。

　そのためには、まず、短期的ではなく、中期的なまちづくりを掲げること。そして、「面倒くさい」とは思うが、住民や事業者を巻き込み、住民一人ひとりが小さな観光収入を得られ、町全体の生産性を高めるような観光まちづくりをしていきたい。観光の主役は、地域を守る女性であり、シニアであり、子供たちでもある。そうした人たちが一枚名刺を持つこと。それが新しい時代の観光だと思う。

　その際、問題のひとつは「自分の思いどおりにならないと、何でもかんでも反対する人」とそうした人がいるために何もしないという不作為だ。個人的には、こういう人を避ける形で、前向きな住民・事業者だけを組織化することで短期的目標を実現していけばよいと考えている。実際、そうした法人を立ち上げ、新しい時代の商圏拡大に向けて歩みを始めた市町村も出てきており、第3章で紹介する。

## 6. 縮小する日本人の観光需要

**旅をしなくなっている日本人**

　地方の観光関係者にとって重要な任務が「マーケティングデータの収集と分析」である。その他にも、「多様な関係者を巻き込み、地域観光をデザインすること」や「民間手法を導入して収益事業を計画し実行すること」等があるが、まずはマーケティングデータを集め、今後の地域観光市場がどうなっていくかを明らかにし、目標を定めていかなくてはいけない。そしてデータを読んでいると、「これまで通り」が通じない現状がよくわかる。特に、日本人が旅をしなくなっていること。そして、これまでの四半世紀の観光市場を支えてきた団塊の世代市場が縮小しつつある点だ。

　図1-3は、国内観光消費の推移グラフである。2005年を100として10年間の増減を追った。このグラフを見ると、2005年には27兆円あった国内観光消

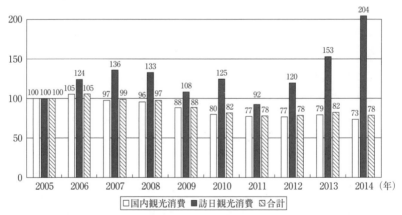

図1-3　国内観光消費額推移（訪日観光消費との比較）
　　　　出所：観光庁資料をもとに筆者作成

費額は 2014 年には 20 兆弱と 7 兆円も減少した。2005 年を 100 とすると 2014 年は 73 と大幅に国内観光消費が消えたことがおわかりいただけると思う。

一方で、外国人旅行者による訪日観光消費は増加し、2005 年には 1 兆円だった消費額が、10 年後の 2014 年には 2 兆円超と倍増した。観光庁は、2020 年には 8 兆円の目標額を掲げているが、国内観光消費が下げ止まらないと仮定すれば、のべ旅行者数同様、2030 年頃には日本人の観光消費額も、訪日外国人の観光消費額も同程度になっていることも想定できなくもない。

ただし、今後の世界的な生産年齢人口の減少をふまえると、経済の成長鈍化や賃金の下落といった状況が世界を襲うとも予見でき、いつまでもインバウンドに頼ってはいられないという状況に陥るおそれもある。そう考えた時、日本人の新たな消費を生み出す新事業・新戦略が必要になってくる。

また、図 1-4 は日本人の年代別「宿泊旅行実施率」推移をグラフ化したものだ。これを見ると、多くの年代で年々「宿泊旅行実施率」が下がっていることがわかる。2010 年にはリーマン・ショックで景気が冷え込み、2014 年には消費増が 8％に増税となったために多くの年代で落ち込んでいる。近年は増減

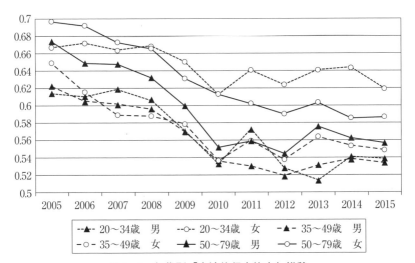

図 1-4　年代別「宿泊旅行実施率」推移
出所：じゃらん宿泊旅行調査 2016 をもとに筆者作成

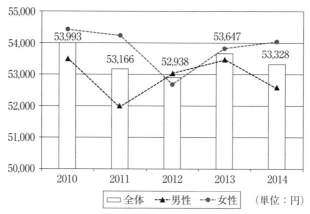

図1-5 男女別「国内観光消費単価」推移
出所：観光庁資料をもとに筆者作成

を繰り返しているものの、2010年までは落ち込む一方だった。特に、2005年時点で宿泊旅行実施率が最も高かった50〜70歳のシニア男女（実線）の落ち込みが大きく、いずれも10ポイント以上下落している。近年の実施率トップは20〜34歳女性で、他年代を引き離している。

国内観光消費に関しては、単価は大幅に落ち込んでいないことから、宿泊旅行実施率の落ち込みが「シニア世代（特に女性）の宿泊旅行実施率の減少が、国内観光消費に響いている」という仮説が成り立つ。

### シニアの旅の不安

日本人の余暇活動に関するデータが豊富な「レジャー白書」のデータを拾ってみたのが表1-7である。これを見ると、国内観光旅行やドライブ、カラオケといった「従来型の余暇活動が減少傾向にある」ことが読み取れる。一方、近年、調査選択肢に加わった「ショッピングモール（での買い物）」や「SNS」といった身近な生活圏での活動要素が増えている。余暇の選択肢が広がり、宿泊旅行の魅力が少しずつ薄れているのかもしれない。つまり、国内観光旅行に関する新たな魅力付けをしていかないと、ますます飽きられてしまうと推測できる。

表1-7　参加人口上位の余暇活動（単位：万人）

| | 2011年 | 2012年 | 2013年 | 2014年 | 23-26年差 |
|---|---|---|---|---|---|
| 国内観光旅行 | 5,580 | 5,670 | 5,590 | 5,400 | −180 |
| 外食 | 5,370 | 5,170 | 4,470 | 5,000 | −370 |
| ドライブ | 5,360 | 5,200 | 4,690 | 4,870 | −490 |
| ショッピングモール |  | 3,920 | 3,690 | 4,430 | 4,430 |
| 映画 | 4,160 | 4,090 | 3,780 | 4,050 | −110 |
| 博物館・水族館等 | 3,720 | 3,650 | 3,500 | 3,690 | −30 |
| ビデオ鑑賞 | 3,970 | 3,420 | 3,120 | 3,590 | −380 |
| 音楽鑑賞 | 4,110 | 4,000 | 3,110 | 3,560 | −550 |
| カラオケ | 3,910 | 3,660 | 3,360 | 3,400 | −510 |
| SNS |  |  | 2,230 | 2,770 |  |

出所：レジャー白書

　また、図1-6は、シニア層の「国内宿泊旅行における不安要素」に関する調査結果である。このグラフから、シニア層は「長距離移動」や「健康・体力」に不安を感じていることがわかる。団塊の世代の高齢化により平均年齢の重心が上昇していることもあり、徐々に「健康上の不安」が旅行を思いとどまらせるようになってきているのだろう。

　ここまでのグラフを読み取る限り、シニア層は「健康上の不安もあり、長距離移動を伴う宿泊旅行をするよりも、近郊のショッピングモールやSNSでの余暇にシフトしつつあり、宿泊旅行をしなくなっている」という仮説が浮かぶ。

　この他の理由として、就労年齢の上昇や休日の分散により「親しい人と休みが合いにくくなり、宿泊旅行をあきらめている」ことも考えられ、いずれにしても、これまでの旅行を支えてきてくれたシニア層が縮小しようとしているのは確かである。

　ちなみに、観光庁の「若年層の旅行に対する意識・行動調査」（2013）によると、20代が旅行よりもやりたいこととして比率が高いのは「インターネット」「マンガ・アニメ」「ゲーム」であり、趣味・嗜好の多様化や室内化・近隣化は各年代とも同様のようである。

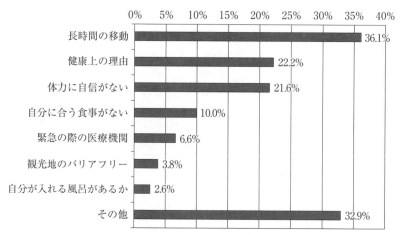

図1-6 首都圏・東海圏・関西圏60・70代の「国内宿泊旅行における不安要素」
出所：三菱UFJリサーチ＆コンサルティング「2015年シニア層の国内宿泊旅行に関する意識調査」

## 7. 日本人市場の曜日格差

**観光予報プラットフォームでみる曜日の格差**

　経済産業省が開発した「観光予報プラットフォーム」をご存じだろうか。国内外の旅行会社やネットエージェント（宿泊予約事業者）の宿泊予約データ、約6,575万人泊以上のビッグデータを解析できる無料のオープンデータソースだ。市町村別に「宿泊実績」を分析できたり、6か月先までの「宿泊予約状況」を集計できたりする便利なツールで、登録をすれば誰でも使うことができる。特に地域のマーケティング担当者にとっては、有難い助っ人となるはずに違いない。このデータを見ると、日本人の行動の跛行性が読み取れる。
　まず、「単純集計」機能で表示できる「年齢層別の宿泊状況」グラフを見てみる。一例として、スキー場の多い湯沢町（新潟県）にどの年齢層がいつ泊まっていたかを示すグラフが図1-7である。これを見ると、左側半分（秋）の入込みは弱く、右側半分（冬）で稼いでいることが一目瞭然だ。真ん中の折れ線のピークとなっているのは年末年始だ。

第1章　地域観光の現状と課題　*31*

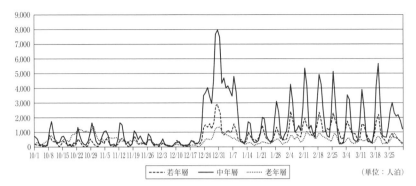

図1-7　湯沢町の「年齢層別」宿泊実績（2016年10月～2017年3月）
出所：観光予報プラットフォーム

　実際にはカラーで表示されるのだが、最も数の多い折れ線は「中年層」である。すなわち、働いている生産年齢層である。続いて「若年層」「老年層」と続いている。湯沢町ゆえ、冬の需要はスキー需要だろう。秋は週末ごとに老年層が小さな山を築いている。10月下旬がピークとなっているので、これは紅葉需要だろう。

　しかし、このグラフで一目瞭然なのが、年齢層に関係なく見られる「週末」と「平日」の大きな格差だ。特に最も数の多い中年層では、ジグザグの振れ幅が特に大きい。ピークとなっているのは土曜日。落ち込みの底は火曜と水曜日だ。

　地方旅館業の労働生産性が低いと指摘されているが、シーズンによる差もさることながら、この曜日別格差を是正しない限り、なかなか解決に結びつかないのではないだろうか。大型連休の分散や年休の取得促進が叫ばれているが、その必要性はこのグラフからも理解できるだろう。

　観光予報プラットフォームでは、参加形態別にもグラフ化できる。形態別で特にジグザグの振れ幅が大きく、週末・平日格差を誘発しているのが「家族旅行」である。親世代は有給休暇の取得促進が可能だが、子供は学校が平日に休みにならない限り休めない。その結果、家族旅行の週末・平日格差は他形態に増して大きいことがわかる

　このほか、宿泊需要をもとにオリジナルな分析をしていくための素材とする

ことも可能だ。例えば、サッカーや野球等スポーツやイベントのある日の宿泊は、他の日と違うのか等の効果検証も可能だ。

**難しい「平日旅行」**

　こうした曜日格差が存在する中で、なぜシニア層や外国人旅行者が地域観光あるいは旅館業にとって重要かといえば、「平日に泊まってくれる」からである。そうしたシニア層がリタイヤしなくなり、その旅行実施率が低下するとすれば、平日の入込みはなお一層弱くなることが想定できる。

　政府が2010年にワーキングチームを作り検討していた、大型連休を地域ごとに時期をずらす「休暇分散化案」だが、世論調査での反対が56％にのぼったことで再検討が決まり、事実上、暗礁に乗りあげた。

　地域観光を活性化するうえで最大の課題が、季節と曜日の需要の跛行性であり、平日の需要を活性化しないと資金繰りや雇用など様々な面でうまくいかなくなる。そのため、休暇分散実験を注目していたのだが、うまくいかなかった。その要因は、国民の生活習慣を提供者側の都合だけで変えるのは容易ではないことに尽きる。第一、地域観光を支える宿泊業界でさえも反対者が多かった。

　一方で、厚生労働省が毎年発表している「就労条件総合調査」によると、土日が連休となる「完全週休2日」の労働者数は年々減少し、任意の2日が休みとなる「その他の週休2日」が増えている。「その他の週休2日」とは、例えば「水曜・日曜が公休日」となる「分散休」のようなケースだ。

　確かに、官公庁や病院でさえ、最近は土曜日に開き、平日に休日を設けるケースが増えてきたように思える。実は、政府が考えなくとも、すでに国民の休日は徐々に分散化しているのだ。

　では、水曜と日曜が公休日の「分散休」の消費者が、温泉一泊旅行に行こうと思えばどうなるであろうか。

　夕食の出る18時では、まだ仕事をしている。朝早く温泉から出社するのも現実的ではない。すなわち、温泉一泊旅行に行こうと思うのであれば、2日連続した休日が必要となる。公休日の前後に有給休暇を取ればよいのだが、分散

休の場合、今度は一緒に行ける人の予定が合わないという事情が出てくる。つまり、簡単には、温泉一泊旅行には行けないか、結局、多数派に合わせて土・日の旅行か、日帰り旅行になってしまうのも当然のなりゆきかと思う。完全週休2日の人は6年間で一割減少した。このように考えると、近年、宿泊客が一割減っているとしてもそれは理に適っている。日本人が平日に一泊旅行に行くのは、至難の業になってきているのかもしれない。

## 旅館の朝食を変えよう

　そこでまず、平日に一日休みがあれば、温泉一泊旅行に行ける仕組みを業界あげて実施する必要がある。政府が休暇分散化などを考える以前に、提供者側が変わらなければいけない。

　まずは、仕事が終わってから温泉旅行にでかけられるよう、遅い時間でもチェックインできる仕組みを作ろう。

　このことを提案すると、多くの旅館が勤務シフトの問題をあげ、その時間にはフロントの通常勤務者がすでに退社しており、警備員しかいないと言う。なぜ、警備員ではいけないのか。警備員に接客の仕方を教えることは難しいだろうか。あるいは、フロントの勤務時間を柔軟にすることはできないのだろうか。

　遅い時間にチェックインしても、ビールと、ささやかでもいいので夜食が欲しい。越後湯沢温泉（新潟県）のHATAGO井仙では、数年前から「お取り置きの夜食とポットの味噌汁」を用意してくれる。ただ、そうした取組みを、一軒ではなく、どの旅館でもできなくては、市場へのアピールはできない。できない理由を考えるのではなく、できる方法を考えることが重要なのである。

　そして、遅くまで起きていた夜の翌朝、休日の朝はゆっくりと「リッチな朝食」をとりたい。しかし、年齢を重ねるとともに、朝は早起きになる。そのため、シニア客が多い宿だと「朝ゆっくり寝ていたいと考える人は少ない」と主張される経営者も少なくない。ただ、あくまで、毎日仕事に忙殺される生産年齢層の利用者のことも考えていかねばならない。

　リッチな朝食の時間ほど、現代人が希求しているものはないのではないだろ

うか。調理場のシフトの問題はあるだろう。しかし、今実現しなくていつ実現するのだろうか。夕食ではない。朝食に力を入れることが時代に適っている。長崎県壱岐の8室の宿「平山旅館」では、壱岐豆腐や地アジなど地域の食材と、新鮮野菜サラダの朝食を提供して評判が高く、朝食の「お取り寄せ」通販（3,980円）まで実施していた（現在は島茶漬け等を単品で販売）。

　現代人が求めているものを商品化するため「提供者の都合を改革する」ことこそ、生き残る唯一の道ではないだろうか。

### インターネット予約の罠

　平日に宿泊客が入らないのであれば、せめて週末を満館にして単価も上げたい。そう願う旅館の期待を見事に裏切られる現状を表した図を紹介しよう。図1-8 は、全国の旅館の業務システムに蓄積された膨大な一年分の予約データを解析したものだ。

　図で表しているのは、「旅館の予約チャネル別の『週末・平日予約比率』と『平均単価』」である。左側は「平日比率」の高い予約チャネル、右側は「週末比率」の高い予約チャネルとなる。左側には、オフシーズンや平日にバスツアーを企画し新聞広告等で募集している「募集型旅行会社」や「航空会社系旅行会社」が名を連ねている。こうした会社は比較的シニア層に強いため、平日の販売比率が高くなるわけだ。一方、右側には、インターネット宿泊予約サイトの運営会社が並んでいる。インターネットをフル活用する戦後生まれ世代が、その主客層であることが推察できる。

　この図を見て、多くの方（特に旅館経営者の方々）は「想定通り」という面持ちで見過ごすことが多い。「インターネットを使うのは働いている層だから、週末比率が高くて当たり前だろう」という反応である。

　しかし、問題は、折れ線で表している「平均単価」である。常識で考えれば、週末比率が高いチャネルほど単価は高くなると思われる。ところが、「自社サイト（自社ホームページ）」をピークに、週末比率が高いチャネルになればなるほど単価は下がっていく。「若い世代が予約しているから安くなるのだろう」という見方もできる。しかし、それだけだろうか。むしろ、インター

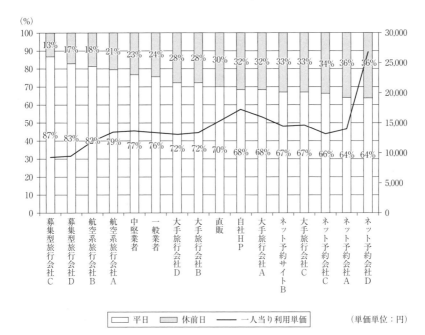

図1-8　全国の旅館の販路別「平日・週末（休前日）販売比率」及び平均単価
出所：旅館業務システムデータを参考に筆者作成

　ネットは「平日を売ろうという意思が働かず、消費者の欲求をそのまま予約につなげているだけ」であるために起こる現象ではないだろうか。少なくとも左側のチャネルは平日を売ろう（その代わり安く仕入れて販売しよう）という意思が働いていると思う。しかし、インターネットや店頭で宿泊単品を販売するだけの右側のチャネルは、消費者に言われるがままに「週末をより安く」という思惑で、商品をラインナップしているだけだと思うのである。
　この傾向が続くとどうなるだろうか。おそらく、インターネット利用率が高まるにつれ、インターネット経由の予約も「平日比率が高まっていく」と同時に、平日が増える分「一層単価が下がり続けてしまう」と予想される。

## 8. 様々な宿泊予約上の課題

**団体客が戻ってくる？**

　これから団体旅行が戻ってくる――そう言うと、今さら何をバカな、と思われるかもしれない。職場旅行や招待旅行を代表とする団体旅行は、バブル以後、減少の一途をたどり、「団体から個人へ」が地域観光の姿を表す言葉として定着してきたからだ。

　しかし、筆者は、今、団体旅行需要を刺激しなくて、いつ刺激するのだ、というくらい「団体で旅に出たい」という潜在需要がマグマのように溜まっていると感じる。ところが、一向に旅館には予約が入らない。その理由を推測してみた。

　日本は、現代ほど不安がはびこる時代はないかもしれない。不透明な国際経済、積もりゆく社会保障費、地域の高齢化と過疎化、度重なる天変地異、自らの収入・健康・老後・結婚・人間関係等々、まわりを見れば、不安だらけである。

　しかし、そうした時代に、反比例するように伸びている数値がある。それは「日本での国際会議の開催件数」だ。近年、観光庁や各自治体では、会議・コンベンションの誘致と件数アップに躍起になっているので、その誘致努力で増えているせいもあるだろう。

　ただ、「不安定な時代になればなるほど、人は不安になり、人の意見を聞きたくなる」ために増えている、という言い方もできると思う。実際に、筆者が言うだけではなく、旅行会社でも同じことがささやかれている。例えば、製薬会社が医者を対象としたセミナーや会議は驚くほど多く、近年ではセミナーだけで一年間に2,500回も開催されているという。毎日（平日）、全国で10か所もセミナーが開かれていた計算になる。

　つまり、不安心理が、会議やセミナー、あるいは報奨旅行や同窓会など、「集おうとする心理」を煽っていると思うのだ。その他にも、女子会に男子会に合コン。ソーシャルメディアの世界に疲れた現代人たちが、リアルの場で

「絆」を深めたいと願う今こそ「集いたい」と思う時はないような気がする。

### 旅館のインターネット予約の盲点

ところが、温泉旅館をインターネットで予約しようとしてみるとわかるのだが、これが実に団体予約になじまない。そのため、団体予約は、ほぼ全ての旅館で「電話でどうぞ」と案内されている。なぜなら、インターネット予約は「個人（1室）利用」をベースに作られているので、一部屋毎の人数を入力しなくては予約できないためだ。

そうすると、一部屋毎の人数が決まらなければ予約できないどころか、その人数によって一人当たりの単価が変わる。部屋に入る人数にかかわらず、ワリカンが基本の団体の予約をしようと思っても、なんとワリカンでの予約ができないのである。

この話をいくら旅館にしても「それならば電話で予約すればよい」という回答しか返ってこない。だから、一向に予約が入らないのだ。

消費者は、様々な旅館を比較してみたいと思っている。電話で比較はできない。比較したければ、その軒数だけ電話しなくてはならない。しかし、今どき、そこまでして旅館に行こうと考える人は多くはないのではないだろうか。「ネットで予約もできないのなら、面倒だからレストランか居酒屋にしよう」。そう思われるのがオチだと思う。

せっかく、団体需要が潜在化しているのに、誰もインターネット予約を改善しようとしない。なぜなら、予約システムを構築する会社も旅館業にヒアリングをして作っているためだ。そのため、現状のシステム・商慣習が一向に改まらない。

### 業界内でぼっ発した取消料問題

近年、あるオンライントラベルエージェンシー（OTA）が、利用者向けのクレジットカード決済を「予約日引き落とし」から「宿泊日引き落とし」に変更し、「チェックインまでキャンセル可能」と表示したことで、旅館業界が猛反発したことがあった。決済そのものに関してより、「もし、宿泊直前に取消

しがあっても、取消料は引き落とさない」と利用者に告知したためだ。「宿泊施設から別途請求されることがある」と書かれているものの、慣れた利用者には「安心して取消しをしてください」と言っているようなものだからだ。

通常、航空券やJRキップをインターネット予約サイトで予約すると、「予約日」に引き落とされる。乗車日まで待って引き落とされることはない。もし、取消しをすると、払い戻し手数料や取消料が否応なく引き落とされる。しかし、宿泊業は、従前から「宿泊日決済」なのだ。

利用者にとっては安心だが、事業者にとっては、不利益が生ずるため、旅館業界内では、優越的地位の濫用ではないかという声も聞かれるようになっている。

この最大の理由は、航空券やJRキップは「自社の直接販売」であるのに対し、宿泊予約は「旅行業者経由の販売」だからである。このOTAも旅行業登録がある旅行会社であり、「他の旅行会社にならい、宿泊日基準の決済に変更したまで」であり、取消料に関しては「宿泊約款に基づき、旅館が請求する」と言われれば（取消料の請求という手間だけ旅館に押し付けるという問題は大いに残るにしろ）、非合法ではない。

この問題の背景にあるのは、OTAとの契約の問題というよりも、「旅館業が抱える固有の問題」であろう。その根拠として、同じ宿泊業であるホテル業からは、このような訴えは聞こえてこない。

固有の問題とは、「自社販売力・マーケティング力の弱さ」と「客室稼働率の低さ」だ。

## 様々な取消料の扱い

取消料とは、事業者の約款基づき示される「取消しによる販売側に生ずる平均的な損害に対する補償金」であり、「損害」の程度によって合理的に決めることが求められる。過去の実績に基づき、取消しで再販不可能であることが証明されれば、法的にも仕入原価や必要経費見合いの20～50%程度は認められる（無断不泊ではない限り100%は難しい）。問題は「どの程度の損害を被るか」である。

先日、大手企業が経営する平均単価2万円台の旅館チェーンの支配人にこのことを聞いてみた。すると、「旅行業者経由の予約は旅行業者さんの約款に基づく」が、「当館直接予約の場合、当日取消の場合は再販不可能なので50％とうたっていますが、前日までの取消に関しては、取消料は一切いただいていない」とのこと。ほとんどの旅館で、個人客でも3日前から取消料がかかるのと違い、利用者に優しい。「多くのお客様、特に近郊のお客様には、安心して予約いただくとともに、万一の前日取消しの際でも、改めての再予約を促す意味もある」との思惑もあるようだ。たしかに、同行者の体調不良等が取消しの理由であれば、取消料を取られる場合と取られない場合では、再予約の確率は大きく変わることだろう。

　一方、「平均客室稼働率は」と聞くと「80％程度」とのこと。すなわち、前日取消しまでなら取消料を取らなくとも、年間平均してみれば損害はない稼働率なのだ。おそらく、ホテル業も同様であろう。

　その点、旧来型の旅館業は「自社販売力が低く」「年間平均客室稼働率も低い」ため、取消による平均的損害が相対的に多く、取消料が数日前からかかってきてしまうのだ。これは、法的には認められることかもしれない。

　しかし、このままでは、いよいよ旅館は「安心して予約できない」業種として、利用者が遠ざかってしまわないだろうか。客室稼働の悪い日は従業員を休ませているので高められないという労働集約型の（料亭のような）業態もあるだろう。ただ、それは事業者側の都合だ。このままいくと、ますます利用者は「確実に行くと決めてから予約する」、すなわちどんどん「間際予約」化が進むと思われる。間際予約化が進めば、旅館は不安心理から単価を下げてしまい、平均単価も落ちていくという悪循環にハマる。というか、もうハマっている気がする。

　この問題は、消費サイドに向かい、反対、反対と叫んでいても解決にはならない。「特定プランは前日取消まで取消料を取らない」くらいの工夫と、宿泊約款の変更を行えばよい。そのうえで、ファミリーなど、直前まで実施が決まらない客層に対しては、特定プランとして、その日を取消しても再度予約していただける限り取消料は取らないと表示をする。

おそらく、実態として、個々の旅館としては既にそうしていることだろう。ただ、やっているなら、それを表示に移すべきだ。できれば、宿泊約款も変更してしまうのが望ましい。

それをせずに、業界としての反発ばかりが目立ち過ぎると、それは業界自らがネガティブキャンペーンをうってしまうことになりかねない。自社でできないことを旅行業者がやってしまう「悔しさ」も重々理解できるが、このくらいで矛を収め、今後は前を向いて、予約を増やす方策を業界として考えていきたい。まずは、取消による「年間平均損害額」の割り出しから始めよう。

## ヘビークレーマーには社会で対応

取消料の未収以上に観光業の現場で悩ましい問題が「クレーム」だ。少し前の話題になるが、航空会社のスカイマークが機内座席ポケットに入れた「サービス・コンセプト」という書面が話題となった。筆者も同社には乗る機会が多いのだが、この書面を見た時、「これは賛否両論が起こるぞ」と直感した。

この書面が生まれる少し前まで、同社の航空機が時刻通りに出発しないという不満があったようだが、定時運航に関して改善成果が見え始め、定時に出発するようになり始めた矢先だった。

内容は、「他の航空会社と違い、ローコストで飛ばしているので、機内サービスに関して手を煩わせないで欲しい」というもので、初めて目にした方ならその内容にびっくりすると思う。これまでの航空会社と違い、「機内の社員はキャビン・アテンダントではなく、保安要員だ」というのだから。

しかし、サービス業に関わる方なら、この書面の真意を理解することだろう。まさしくこれは「ヘビークレーマー」に向けたものとわかるからだ。筆者も友人何人にも見せたところ、「こんな航空会社には乗りたくない」という意見よりも「表現は少々問題だが、気持ちは重々わかるし、訴えた勇気には敬意を表したい」という人が少なくなかった。その多くは、サービス業に従事している仲間たちである。

マスコミもこの問題を取り上げていたが、「クレーマーを消費生活センターにまわすとは何ごとか、と消費者庁が同社に抗議した」という内容ばかりで、

この書面を作った同社の真意やヘビークレーマーが存在してしまう社会的背景まで深堀りし、問題提起するようなマスコミはなかった。そのため、この問題は同社だけが悪者になったまま収束してしまったのだが、社会的な大問題が見過ごされているように思えてならない。

## 書面の裏側にある問題

　スカイマークは、ローコストオペレーションを推進するうえで、利用者の手荷物の上げ下ろし等を一切手伝わない。同社では（筆者はこれが根本原因だと思うのだが）荷物がターンテーブルから出てくる際「優先的に早く出す『ドアサイド』のサービス」がないせいもあり、多くの利用客が手荷物を機内に持ち込もうとする。機材も3列座席の間にある通路が一本のB737型機のため、搭乗に比較的時間がかかる。そこへ、手荷物を持った乗客が我先にと頭上トランクに手荷物を入れようとするので、通路はごった返す。しかし、「保安要員」の女性たちは一切手伝わないことになっていたのだ。

　実際に筆者も目撃したことがあるが、「荷物が入らない、何とかしろ」と訴える乗客も多い。加えて「毛布が欲しい」「新聞はないか」と付加サービスを要求する乗客もおり、とにかく定時運航を優先するのがシゴトである「保安要員」は、「荷物も毛布もご自身で」「新聞はない」と説明をする。すると、そのうち、怒り出し始める客もいるというわけだ。そして、接客に時間がかかり、定時運航を果たせなくなるばかりか、もしかしたらパイロットの焦りにもつながっていったのかもしれない。

　同社も、クレーマーに訴えようとする前に、自社のオペレーションで改善可能な面はないか、最終現場である機内以外に関してももっと追求すべきだったと思う。

　しかし、それは同社の課題として置いておいても、社会が気づかなくてはならない問題がある。それは、お客様に対して解説するとは思えないような厳しい表現が暗示している、想像を絶する「ヘビークレーマー」の存在である。

## 後を絶たないヘビークレーマー

　手元にある宿泊予約サイト（OTA）のクチコミ投稿画面のコピーがある。この画面では、ある宿泊客がクレームを延々と投稿している。同一人物からの同様の内容が計10通。その都度、ホテルは回答を記している。「部屋が狭かった」と同行者から言われらしく、その苦情なのだが、そのしつこさは異常としか思えない。

　こうしたクレーム投稿に関して、ホテル・旅館が一様に言うのは「その場で言っていただけたら対応できたのに」というフレーズ。すなわち、その場では苦情を言わず、帰ってから投稿するというのが共通の現象のようだ。

　最近、個人経営の旅館で、うつ病になる女将や経営者が目立つ気がする。全ての利用者がそうではないにしろ、日々こうしたヘビークレーマーと相対しているとすれば、精神的に参ってしまうのはやむを得ないことではないだろうか。

　ホテル・旅館といった観光業だけではなく、近年では、医者や学校に対する訴訟問題も後を絶たないという。こうしたヘビークレーマーへの個々の対処方ではなく、なぜヘビークレーマーが生まれるのか、その社会的背景を社会全体で考え、社会で撲滅し、企業や経営者に対してのセーフティネットを構築すべき時期が来ていると思う。

## ネット社会の暴力

　資生堂の化粧品のCMが、「セクハラ」ではないかとツイッター上で騒がれ、放送中止に追い込まれたというニュースがあった。社会への影響も大きく、とりわけ女性の働き方の革新を先導する企業だからこそ、という背景もあるのかもしれないが、意識が低いのだとは思うのだが、「これのどこがセクハラ？」という印象がぬぐえなかった。

　そのCMは、パンをかじりながら疲れた様子でパソコンに向かっている若手女性クリエイターに対して、男性上司が「がんばってるね！　でも、がんばってる感が顔に出ているうちはプロじゃない」と発言。カチンときた主人公、「ある経験」で変わり、その美しさに思わず上司もふりかえってしまうという

もの。

　「ある経験」とは、25歳の誕生日会として、別バージョンになっている。「今日からアンタも女の子じゃない、なめちゃいけない、リアルワールド」と同級生にからかわれた後、「かわいいをアップデートできる女になる」という友人の発言に全員で共感。その後「燃えてきた」と化粧を始める…といったストーリーだ。

　たしかに「男性目線」で作られたストーリーかもしれない。男性上司の余計なひと言はカチンときてもらうために仕組まれたものだ。「化粧しないと女ではないのか」と思われるほどメッセージ性は強い。その点は認めるとしても、あくまでこれは「女性用化粧品の広告」だ。そこまで真に受けてしまわれると、関西流のボケやツッコミでも怒られてしまうような、冗談も言えない社会になっていきそうな気がする。

　むしろ、年々過激になる「ネット社会主義」のほうが問題ではないだろうか。芸能人や有名人の世界では、発言などがネットで撲殺されると、リアルの世界でも立場を失ってしまう。それが一般の現実世界でも展開されつつあると恐れている。

　少なくとも、ネット上の宿泊予約サイトのクチコミ欄では、クレーマーとのやり取りをよく見かける。「呼んでも誰も出てこない」「出てきた料理はひどい代物」「二度と行くか」。それにお詫びコメントを入れなくてはならない旅館の方の精神は、（心の中では塩を撒いたとしても）たった一言で蝕まれ、モチベーションは確実に下がる。こう言うと利用者には失礼だが、公共の場での匿名の発言は「暴力」以外の何ものでもない。こうした暴力が、ネットでいとも簡単に拡散し、一般消費者が真に受けてしまうようになると、「何も言われていない宿が良い宿」というような「リスクヘッジ」が選択の基準となってしまい、サービス提供者は誰もリスクを負わない（尖らず、出る杭にならない）凡庸で、競争力のない、つまらない観光地や社会ができあがることだろう。つまり、このままでは「社会経験の少ない弱者」が、ネットという武器を乱用し、社会や地域を破滅に追い込んでいくことになるのではないかと恐れているのである。

## 星野リゾートの強み

　話は変わるが、筆者が全国あちこちで宿泊業や地域の方々と話していて、訊かれることの多い質問がある。それは「星野リゾートをどう思いますか」という質問だ。

　おそらく、質問主は「料理は通り一遍だし、たいしたことはないですよね」というような返答を期待しているのだろうし、雰囲気を察してそう答えざるを得ない時も多い。ただ、この問答では、その人への勇気を与える以外の何も生まないので、その後、あるひと言を付け加えるようにしている。それは「星野リゾートの強みは圧倒的な『広報力』で、それは旅館業界が束にならない限り勝てないし、その点は学んだり、むしろ便乗したほうがいい」ということ。

　同社は、これまでの多くの旅館業が支払っていた旅行会社へのコスト（販売手数料）を広報コスト（広報担当者の人件費）に振り替え、メディアPRを徹底していると思う。大江戸温泉等も同様に、販売手数料を減らし、その分を広告宣伝費や無料送迎バス費用に振り替えている。つまり、旅行会社を積極的に使わない方針で運営をしている。

　そのメリットとして、自社で自由にできる客室が増えるうえ、単価下落の圧力がかからなくなるため、営業の自由度を高めることができる点が挙げられる。その代わり、高い客室稼働率の維持と優秀な人材の確保が経営上の生命線になってくる。星野リゾートにおいては、その営業戦略の基幹となっているのが「広報（メディアPR）」なのだ。

　広報（メディアPR）とは、新聞・雑誌・テレビといったマスメディアや、様々なアーンド・メディア（自社以外のネットメディア）のキーマンに対する情報提供を徹底して取材を誘導したり、必要に応じて企画広告などの宣伝をメディアに打ったりして、消費者の認知を高める戦略のことである。

　広報（メディアPR）の優れた点は、認知を高め、消費を誘導し、人材確保がしやすくなるほかに、「ネット社会主義の防波堤になり得ることができる」点がある。余談だが、2016年に開業した星野リゾートの「星のや東京」だが、料理の情報や写真はなかなか発信されない。こうした情報統制も広報力の成果で、中途半端に批判を起こさせないための戦術である。いずれどのような形で

料理がメディアに登場するか、楽しみにしていたい。

　かくいう星野リゾートでさえも、ネット社会主義の荒波を受け、クチコミサイトではいろいろな批判も書かれている。しかし、メディアを味方にして、常時新しいネタや情報を発信し続けることにより認知度が高まり、（個人の意見よりメディアの意見のほうが勝る状態にして）消費市場全体がネットの暴力者の意見に流されないようにする効果を生み出している。こうした点は、他の旅館も見習わなくてはいけない。

　しかし、広報にも弱点がある。その弱点とは、認知を高められても、消費者の行動までを左右するのは難しい点である。消費行動を左右しようとすると、インパクトの強いストーリー発信が必要となる。その一例が、資生堂のCMであるが、そうすると前述のとおり、匿名の消費者が集団で動き、その企業努力を消してしまおうとする。つまり、「行動までを左右されないぞ」という強い圧力が働いてしまうのだ。

　そのため、ほどほどの強さのインパクトで、常に企業にとってプラスの情報を発信し続けるという戦術で対応していくことになる。

　その場合、旅に出ると決めた消費者に対して（宿泊するなら星野リゾートにしようという）選択効果は働くが、そもそもの旅に出る行動を起こすまでは至りにくい。この点を何とかイノベートしていくことが必要だといつも感じている。

**批判を恐れない**
　観光の現場を全国規模で眺めると、どこもインバウンドシフトの方向に動いている。しかし、不思議なニュースがあった。それは「2016年8月は、訪日外国人は増えているにもかかわらず、外国人宿泊者が減った」というニュースだ。観光庁は「急増するクルーズ船の影響で、入国しても宿泊せずに船中泊という人が増えた」と解説していた。宿泊業界の人たちは「民泊が急増して旅館・ホテルに泊まらなくなっている証拠だ」と言っていた。いずれも正しい解釈だろう。

　また、そうした解釈に加えて「そもそも日本の旅館・ホテルの魅力が知られ

ているか」という点も問題にする必要があると思っている。この傾向が続けば、宿泊業が減る。すると、クルーズ船に泊まりさえすればいい外国人客は増えたとしても、泊まるところのなくなった日本人観光客までどんどん減っていくというスパイラルに陥ってしまう。

　ちなみに、日本人観光客はどのような旅館・ホテルに魅力を感じて泊まっているかというと、年々、単なる「近場（日帰り圏）」や「有名観光地」に傾斜しているような気がする。これは、宿そのものの魅力ではなく、「認知」の問題だ。つまり、商圏から離れた宿は、消費者が魅力を感じるかどうか以前に、その存在を「知られていない」のである。

　PRの弱点は「消費行動を左右するまでには至らない」と前述したが、そのせいか、広報や広告宣伝を武器とする企業でも「商圏から離れていたり、有名ではない立地」には宿を造らない。その一方で、既にそうした地域に立地する宿は、地元需要に頼るか、離れた商圏から宿泊客を「連れてきてくれる」旅行会社に頼らなくてはいけなくなる。

　言い換えると、商圏から離れた観光地は、なかなか現状改革ができず、PRを強化する意義も見い出せず、常に消費市場の蚊帳の外に置かれるようになる。

　そうした地域では、観光PRは行政が担うことになる。ところが、行政は「無難」が好きだ。市民や議員から指摘を受けるリスクのない手法に落ち着き、市民受けはしても、遠い商圏の消費者にまで届く強いメッセージを創ることは難しい。ましてや、ここでも無難な旅行会社にまちづくりを頼んでしまう。ツアーは有難いが、手数料を払うのは民間事業者だ。結局は、PRからどんどん後退すると同時に、旅館はますます疲弊していきかねない。

　これを繰り返しているうちに、外国人はもとより、日本人も訪れなくなり、地域観光はどんどん下降線をたどっていく。

　では、どうすればよいのか。それは、様々な局面で「批判をしない」「批判を恐れない」ということが重要だ。

　まずは、宿について。「良い宿」とは「その宿を良いと思う利用者が来ている」宿のことだ。批判を書くような客が来たとしたら、残念ながらそれは「間

違った客」だ。それは、宿のサービスが悪いのではない。宿の情報発信の仕方が悪いのだ。

そして、資生堂のような、メッセージ性の強いPR素材をどしどし世の中に発信し、消費を誘導し、新たな需要を創っていかない限り、明日の地域、いや明日の日本はない。


## 9. 広報のススメ──消費者に知られるために

### 広報意識の差

それでは、どのように広報を進めればよいのか。どの媒体も、夏休み前の6〜7月と、温泉が恋しくなる11〜12月頃に温泉や宿の毎年似たような特集を組む。また、テレビも女性が見るような朝、昼、そしてゴールデンタイムには相変わらず旅行の特集が多い。それで差別化できるのだろうか。

どの媒体を見ても「いつも同じような温泉地や宿が紹介されている」ような気がしないだろうか。その理由を紹介したいと思う。

この現象は「取材を受ける側の広報意識の差」が大きいために起きる。取材をする側にまわってみるとわかるのだが、実は、取材に対して積極的・好意的な観光地や宿は意外に少ないのだ。意外に思われるかもしれないが、取材対応は少々面倒くさいうえに、その効果が見えないからだろう。

取材に対して最も前向きかつメディアに好意的なのは、前述した星野リゾートだ。新たな施設を造ったり、ブランド変更する都度、東京でプレスを招待してプレス発表を行うが、その場に集まる関係者は100人を超える。その後も広報専門部署がメール等でフォローを行い、プレスツアー（下見や取材）にも常時応じる等、双方向のコミュニケーションを図っている。写真も印刷用・Web用と最新版が多数用意されており、メディアにとって大変受けのよい企業である。そのため、どの雑誌を見ても、いつも星野リゾートの施設が載っている。もちろん、それなりの広報費用を予算化しているのだろう。

### メディアの情報収集法

とはいえ、メディアもいつも星野リゾートばかりとはいかないので、特集の都度、新たなネタの収集を図る。メインは、自社や他社媒体で紹介された温泉や宿のチェック。加えて、専門家に紹介や推薦を依頼することが多い。しかし、過去媒体のチェックはもとより、専門家といえども、毎年新しい宿にそう多く泊まれないので、自ずと紹介先は絞られてくる。これが「いつも同じような温泉地や宿ばかり紹介される」原因だ。しかし、一度紹介されるクセがつくと、過去媒体のチェックに含まれるようになるので、徐々に取材も増えてくる。

取材の際、最も重要なのは「写真」だ。読者に「おっ、すごい」と思わせる写真があるかないかで、効果はだいぶ違ってくる。松之山温泉・ひなの宿千歳の「豪雪に埋もれる露天風呂」の写真は、国内だけではなく海外でも注目される一枚だが、こうした写真が欲しい。ところが、だいたいが「ない」という答えが多いのだ。残念だが、「ない」のではなく、旅行者の立場にたって素材を探して「撮る」ことが必要である。

例えば、欧米人が最も好きなアジアの風景は「rice terrace view」、すなわち「田んぼの景色」。フォーシーズンズホテルグループで最も客室単価の高いホテルは、タイのチェンマイにあるが、ホテルの前は一面の田んぼ。むしろ、日本人には発想の転換が必要だと思う。

### 「伝わらない」理由

参考までにいくつか、取材に前向きではないと思われてしまう要素をご紹介したい。

①取材を歓迎しない

宿の中には、お得意様が多く、もともと取材を必要としない宿がある。こうした宿はそれで良い。その信念を押し通して欲しい。しかし、そうではないのに取材を歓迎していないと思われてしまう宿が少なくないのだ。宿の立場で考えると、おそらく、「テレビや雑誌で紹介しますよ」という数多くの「有料パブリシティ」のセールス電話が多いためだろう。

極端な時は、「新聞や雑誌の取材をお願いできないか」と電話をすると、「間にあっています」と返答される。経営者にもなかなか確認してくれない。仕方なく、直接経営者に確認すると「とんでもない、ぜひお願いします」と言われるのだが、これは事務所にセールスの電話が多いことを物語っている。そのため、最初に「お金は一切かからないし、宿泊料もふつうに支払います」と解説をするのだが、それでも怪しまれることは数限りない。

なかには、無料宿泊や様々な無理難題を押し付けてくるメディアもあるだろう。もちろん、できない場合ははっきり断るとよい。一方で、積極的な宿は取材陣だけではなく有力ブロガーまで平日招待していたりする。そうした宿は旅行会社をあまり使っていない。料理写真の撮り方でそのどちらかはある程度わかるが、どちらがよいかは、それぞれの判断だ（メディア重視の宿の料理写真はイメージが多く、旅行会社重視の宿のそれは料理集合写真が多い）。

②写真の知識に乏しく、印刷用写真を保存していない

これは、地域の観光協会や宿の多くがあてはまる。印刷用の写真を保存していないのだ。保存しているのは、Web用ばかり。「解像度」と言ってもなかなか通じない。聞くと「写真を撮影した業者が持っている」という。著作権の問題もあるだろうが、使用権は発注側にもあるはずで、パソコンに保存しておきたい。

最も簡単なのは、自分自身でデジカメ撮影することだ。デジカメの写真こそが印刷用の写真である。季節ごとの風景写真はもとより、撮影が難しい料理写真であっても、家電量販店に行けば撮影用機材は揃っている。少し勉強すれば、誰でも撮影できるはずだ。大人用料理はもとより子供用の料理写真もきちんと自社で撮影し、ホームページにも掲載している宿もある。

容量の大きなデジカメ画像を複数枚送受信するための「ストレージサービス」に関しても同様。この言葉がわからないと、写真のやり取りができない。ぜひ覚えておきたい。

③効果測定をしない

なぜ、旅行会社への手数料を支払ったり、広告にはお金を払ったりするのに、取材・広報に対して積極的になれないのか。それはどうも「効果測定をし

ていない」ためのようだ。取材を受けても、その効果がわからなければ、次も同じ対応を繰り返してしまう。

　例えば、取材を受けたら、その媒体の読者や視聴者向けに宿泊プランを作っておくとよい。特典としては、ただ値下げするのではなく、平日アップグレードとか、初めて客が受けて嬉しいサービスを提案するのがよいと思う。そのほかにも、サービス中にお客様に購買動機をうかがうとか、アンケートの項目に加えるとか、媒体ごとにどのくらい集客につながったか、効果測定は必ず行っておきたい。

　媒体によっては、効果が少ないものもあるだろう。しかし、取材陣はいろいろな媒体を見て、次なるネタを探す。その時ダメでも、次につながると願い、取材・広報は積極的に受けておくことをお勧めしておきたい。まずは、消費者に知られるために。

写真1-1　ひなの宿千歳（松之山温泉）の露天風呂
非日常感がひしひしと伝わってくる

写真1-2　タイ、チェンマイ・フォーシーズンズホテルの「ライス・テラス・ビュー」
日常の風景が「非日常感」につながる

# 第2章
# 地域観光の課題解決

## 1. 協業して起こすイノベーション

**地方観光の2つの事業モデル**

　地方観光の課題解決を進めるうえで、まずは商圏設定を意識することから始めたい。誰に来てもらいたいのか、およその範囲をまず決めておきたい。

①商圏拡大モデル

　まず、第一の生き残り策が「商圏拡大型モデル」である。地元市場が縮小すると仮定した時、商圏を拡大していかねば商売が成り立たない。酒造業界が輸出に活路を求めようとするのもこの論理である。そのために観光業は先頭に立ち、全国から、いや全世界から「消費者を連れてくる」ことで地域経済を活性化させていく役割を担わなければならない。その際、消費者というのは観光客に限らない。これから増えるであろう二地域居住者でもよいし、留学生でもよい。徳島県神山町のように、通信インフラを完備してアート村を造ってもいい。観光といいながら、「交流」に限らず、「定住」まで見据えることがとても重要である。

　そのために、訪問者が最初に当地を体験する際、都会や海外にはない魅力を感じてもらうために、地域の魅力が凝縮された宿泊施設等のハードウェアや、滞在して楽しい個性的なオプショナルツアー等のソフトウェアが必要になってくる。提供する料理は徹底して地元の旬の食材を使い、「山なのに海の魚を使う」のはよろしくない。場合によっては調理師を雇用せず、地元のお母さんた

ちの監修料理でも十分だと思う。そして、滞在者の便益のため、食事なしでも泊まれる料金システムとすることも必須だ。

　②地元市場傾斜モデル

　そして第二の生き残り策として、逆に「地元傾斜型モデル」がある。遠方客も受け入れるが、基本的には地元のリピーターがメイン顧客となる。主としてシニア層が中心となるが、最近よく聞く「マイルドヤンキー」も重要顧客層だ。ヤンキーといいながら、昔のそれではない。地元の学校を出て、親許で暮らし、地元の商圏をこよなく愛する若者たちのことだ。彼ら、彼女たちは「地元（特に中学の同級生）の人間関係」を最重視する。若者はお金がないから旅に出ないというのは仮説としては正しくない。「彼らの旅行の目的は目的地ではなく、同行者との親睦を深める」ことにあり、一方で「旅行、旅行と言っている割にどこに行ったらよいかわからず」「知っているものの中から選ぼうとする傾向が顕著」なので、彼ら市場への提案も必須だ。(『ヤンキー経済』原田曜平著より)

　地方では、同窓会をはじめとして、この市場には昔から強い。現在、ややシニアに傾斜しすぎているきらいがするので、こうした若者市場にももっと目を向けてもよいと思う。東京では「素泊まりコンパ」というオフシーズンの平日大ヒット商品がある。若者向け、お酒持ち込みOKの深夜の宴会プランで、貸切りで行う。小規模旅館ならこうした発想の転換も必要だろう。

　そして地元需要傾斜型で大切なのは、お客様を迎えにいく送迎バスや（たとえそれが山の中の宿で鯛が出たとしても）「ハレの日」にふさわしい会席料理で、都会客に批判されようが、地元のために堂々と提供しよう。

## 相互協働でイノベーションを起こせ

　この２つのモデルのどちらがよいかという議論はナンセンスで、「共存（両立）」が大切だ。しかし、よくないのは、両方の機能を有しようとして、中途半端な個性しか発信できないことだ。特化する必要まではないが、どちらかに傾斜し、企業としての立ち位置を市場に対して明確にしていくことが必要である。

そして、相互が絶対ににらみ合うことなく「協働」していくことが重要だ。できれば、協働する部分を新事業化していくのが望ましい。例えば、調理場や送迎バスでの協働があげられる。調理場に仕出し機能をもたせ、商圏拡大型で会席料理が必要になったら地元傾斜型の調理場で作り出前する。地元傾斜型で田舎料理が必要になったら、商圏拡大型が作り届ける。そうすることで食材の無駄がなくなるはずだ。さらに、送迎バスは緑ナンバーバス（事業用自動車）化し、地元傾斜型の送迎がない時間帯は、地域のコミュニティバスとして運行する。オプショナルツアーの送迎バスとするのもよいだろう。車体にどこかの旅館の名前が書いてあったとしても、どの宿の宿泊客も乗車できるようにして、地域の共存を図る。

こうした発想を促進させるため、地域全体での新たな「義務教育」が必要だと思う。それは小中学校の児童・生徒のことではない。地域の社会人のための義務教育だ。

以前、元法政大学総長の清成忠男氏のショッキングな言葉を聞いた。それは「イノベーションは地方では起こらない」という言葉だ。誤解のないようにいうと、地方の人々に能力はないわけではない。むしろ逆だ。そうではなく、あまりにも「居心地がよく」、長年住む人が多いためにできる「しがらみ」と「思考の固定化」が生まれるためだ。つまり、ネットワークや思考が固定化してしまい、「イノベーションを起こさないことが最も居心地がよい状態」になっている。そのため、「次の次の世代」で限界集落化していかないためのイノベーションを起こすための教育が今必要なのだ。その際、やってはいけないのは（今まで筆者も散々やってきた）「KJ法」である。文化人類学者である川喜田二郎氏が考案したKJ法は、参加者の発想をポストイットに書き込み整理していく方法だが、いまある思考のボトムアップでイノベーションは起こらない。

## イノベーション推進母体

イノベーションを起こすため、推進母体が必要だ。できれば、業界ごと、地域ごとにあることが望ましい。残念ながら、観光業界には、シンクタンク機能を有し、イノベーションを促進する組織がないので、事業者が集まり新設する

しかない。また地域にもない。

　本来であれば、観光協会が担うべき立ち位置にあるが、現在の事業で精いっぱいだ。個人的には、観光協会は日本全国でいったん全て解散し、民間に委託するのがよいと思うし、そうしていかなくてはいけないと思う。もちろん、現在の職員の人たちが小さな会社を作り、指定管理を受けるのもよい。例えば、山口県では、俵山温泉、川棚温泉、周防大島、と様々な観光協会が既にこの方式になっている。さすが「維新」を起こした経験のある県だ。俵山温泉は、滞在型湯治をメインにした健康増進型温泉地としてオプショナルツアーを盛んに行っている。川棚温泉は、瓦そばという名物を開発したり、音楽家ゆかりの地を利用して世界的な音楽ホールを創ろうとしている。周防大島では、みかん農家と協業し「みかん鍋」の開発と通販でオフシーズンの冬は大忙し、とそれぞれの観光協会は地域の新事業の開発に余念がない。

　目先の生き残りも大切だが、目先で生き残るためには、先々の事業目標が必要であり、そのためにはイノベーションが必要なのだ。前に進む者だけでいい。前に進もう。

## 2. 商圏拡大をめざす発想と地域戦略

**商圏拡大で一気に進むまちづくり**

　訪日外国人数が急激に伸びている大阪。市内はホテルが不足し、USJ近辺のホテルの予約も取れない。一方、大阪の奥座敷と言われる有馬温泉でも外国人客が目立つようになり、温泉地全体の宿泊者数は大幅に改善している。そうした中、有馬温泉の若手旅館経営者たちに今後の経営やまちづくりの方針を聞く機会があった。

　彼らが目指す方向性は「日本が経済成長した親父たちの世代とは正反対のまちづくり」だという。これまでは「国内客を取り合い、温泉地内ではそれぞれの旅館が競合していく一方、近隣で競合する観光地を仮想敵としてまとまってきたが、その時代は終わり、商圏が海外まで広がる今後は、インバウンド（外

国人）専門旅館にしたり、国内専門にしたり、素泊まり化を図ったり、温泉地内の旅館がそれぞれ個性化・差別化を目指す」という。周辺の温泉地も同じようになれば、自ずと観光客は広域移動していくはずだ。地域としても、旅館組合がそう考えることで、飲食店が増えたり、海外高級ブランドホテルが参入してきたりして活性化し、ブランド化するにつれて消費単価も向上するだろうと話していた。

飲食店の消費も旅館内に囲い込み、外資の新規参入には真っ向から反対してきたこれまでとはまさに逆。オープンなマーケティング発想で、しっかりと将来を見据えていたのが印象的だった。

有馬温泉では、現在、まちの収益事業を推進するDMC（Destination Management Company）として、まちづくり会社の設立を計画中だ。出資者は地域の複数の事業者や組織。「有馬もうひと旅社」という着地型旅行会社も準備され、すでに若手旅館経営者も2名が旅館組合での夜間勉強会を経て旅行業務取扱管理者試験に合格している。その他にも、廃業保養所を公設民営の素泊まり旅館化したり、朝食専門レストランを作ったりと事業構想が広がっている。

有馬温泉では、今夏、温泉の周辺道路整備が終わり、まち中を通過するマイカーが減少。まち歩きのできる温泉街へ向けた第一歩が始まった。まち中を走るのはトライクという日本製の小型電気自動車。旅館が宿泊客に足として貸し出している。親父の世代が準備してきたことをベースに、次の世代がしっかりとしたマーケティングを行う姿を垣間見ることができた。

## DMOとDMCがけん引するまちづくり

この話を紹介すると少し気になることがある。それは、有馬温泉は「都市近郊で、訪日外国人が増えたからできるのだろう」と指摘されそうな点だ。しかし、そうではない。有馬温泉の若手の発言に期待する理由は、「商圏を海外まで広げていく」という意志をもった経営者がいることと、自らが主体となり民間ベースのDMC（まちづくり会社）を創業して、町の活性化に向けた収益事業をオペレーションしていこうという具体策があるからだ。神戸市（行政）は

後方支援に徹している。

そして、近年、観光の後方支援を行うセクターとして、単独もしくは複数の自治体が協業して設立したDMO（Destination Marketing/Management Organization）が注目されており、神戸市でもDMOの設立が計画されている。DMOは基本的にはコストセンターであり、顧客分析や海外営業、研修会等を通じて情報や機会を提供しているが、その一部はDMCからの販売手数料等、「胴元」としての収益事業を行い、自主財源を確保していくという性格もある。

今後、民間主体のプロフィットセンターであり、収益事業のオペレーションを担う各地のDMCとマーケティングや観光全般の振興を担う広域のDMOが一体となって、商圏を拡大したり、滞在消費単価を増やしたりして、人口減少下の日本の観光地を発展させていく。この地域振興デザインができているかどうかが「できるか、できないか」の分かれ目であり、都市近郊だからとかどうかという問題ではないのだ。

その際、DMOに関して一点気になる点がある。それは、「M」の扱い方だ。DMOをDestination Management Organizationとだけ略してはいけない。本来、DMOのMはMarketingであり、DMCのMがManagementで、それが世界共通の意味・役割なのだが、それが混在してしまい、役割が不明確になっている例だ。すなわち、地域のマーケティングを担い、コストセンターであるはずのDMOがプロフィットを完膚なきまでに追求するオペレーションを担ってしまおうということなのだろうが、これは、自らがジキルとハイドになったような気持ちでかなり組織をうまくコントロールしない限りうまくいかないと思う。行政の組織内にまちづくり会社を作ってしまうような場合がそれにあたるだろうか。おそらく、民間に若手がいない（世代交代が進んでいない）ためにDMCが育たずにそうせざるを得ず、一概にダメとはいえない点がもどかしい。しかし、結果として、いつの間にか、Destination Management Operator、すなわち、地域をまとめるだけまとめさせられ、発地の旅行会社に原価で商材を卸す、下請けとしてのオペレーターになってしまうおそれもはらんでいるので注意が必要だ。DMOのMをどう表現するかで、そのエリア

の性格が見えてくる。

## DMC の発想とメタ思考

例えば、訪日外国人が増えた長野県の白馬村。ここでは、多くのオプショナルツアーが売られている。その人気商品の一例を紹介しよう。この会社では、太鼓叩き体験（夕食後）、市場と海鮮料理体験（移動を含み一日）、ローカル線と酒蔵体験（半日）を商品化している。それぞれ、皆さんならいくらの販売価格を設定するだろうか。

白馬で売られている商品のそれぞれの一人当たりの価格は、5,000 円、8,000 円、8,000 円だ。地元の人にしてみると「それでは少し高くないだろうか」と思うかもしれない。この点が、収益事業をできるかどうかの差だ。地元の人はだいたいの原価がわかる。そのために高くは売れず、格安になる。しかし、都市や海外などの遠方から来た旅行者は、価格がいくらであろうと機会を買いたいのだ。旅行会社は機会を創造するのが仕事で、これでも安いくらいだと思う。すなわち、DMC で商品を販売したり、収益事業を行おう

写真 2-1　白馬村で販売されている商品チラシの一例

とすれば、商圏拡大（遠方の旅行者の気持ち）を前提とした発想が必要なのである。

しかし、地元では、商圏を拡大していきたい事業者と、そうではなく地元に根ざしたい事業者の両者がいる。前者としては、収益を確保し地域経済を活性

化させていきたいが、後者としては、それよりも客数を確保したいという発想が優先される。前者は、平日には外国人が入るようになってほしい、後者は、平日はシニアでしっかり埋めたいと考える。

　「青もの」（青魚、野菜、山菜、豚肉など）と「赤もの」（エビ、カニ、マグロ、牛肉など）、地産地消の「A級グルメ」と集客力のある「B級グルメ」「地元のじいちゃんやばあちゃん」と「ゆるキャラ」。いずれも、前者は都市住民や外国人など遠い商圏の人が喜ぶ商材であり、後者は地元の皆さんが喜ぶ商材。どちらがよいという議論は愚論でも、どちらを目指すのか、事業者としてはしっかりと把握しておきたい点である。

　DMOとDMCは、前者の「商圏拡大」の発想が前提となっている。日本の人口は減少し、地元だけでは集客できなくなるという背景のためだが、地元重視の皆さんには少々「しっくりこない」発想かもしれない。そのために必要なのが、いずれをも高みから理解できる「メタ思考」である。

　メタ思考を持っていれば、有馬温泉のように、地域内でお互い目指す商圏がバラバラでも問題は起きない。観光協会では地元活性化を行うが、広域のDMOでは商圏拡大を前提としたマーケティングを担う。まちづくり会社として設立されたDMCは、多様化する顧客層に対応した商品群や仕組みを整備するといった役割分担が可能となる。

　ただし、いずれにしても必要なのが「若手」だ。その発想が表に出てこなくては何も始まらない。今後、各地で若手を育成し、後押しする「地方創生」が進むことを期待したい。

## 3. PDCAに潜む罠

**地方創生の失敗？**

　地方創生が始まった初年度。目先の需要喚起をと「半額旅行補助券」を発行する自治体が後を絶たなかった。当面の消費喚起が重要との政策は理解できるが、そもそも旅行券が地方創生にどうつながるのだろうかと誰もが思ったこと

だろう。結局は、県外旅行者のためといいながら、地元の人たちが税金の還付を受けるつもりで旅行券を買い、家族の帰省の際の旅費の足しにするのが関の山だったのではないだろうか。もちろん、近視眼的に見れば、旅行会社と精算を受託する会社への公共事業にはなるからよしとするか、そう思わざるを得なかった。

　出だしから地方創生は失敗しそうな気がする。そんな思いを感じた人も少なくなかったのではないだろうか。

　そう思わせる元凶は何だろう。そう考えた時、この手の政策に必ずや付きまとう発想、「PDCAサイクル」にその原因の一端があるように思えてならない。地方創生を進めるにあたって、政府や永田町がこぞって「PDCAの実践」を成功に向けたキーワードとして挙げているので、水を差すようで申し訳ないのだが、現場はそう簡単ではない。数値目標を作るのは必要なことだが、その「数」を達成することが成功であり、そのプロセスはどうでもいいということがあってはならない。

　PCDAとは、ご存じのとおり、生産管理の手法のひとつで、「P（計画）」「D（実行）」「C（評価）」「A（改善）」を、「短期間」で繰り返し展開していくことにより品質目標に近づけていくというものだ。よく工場で見かけるこの手法は、品質管理の徹底が必要なルーティンワークにおいて効果を発揮する手法で、今でもとり入れている現場も多いと思うし、適切な現場では相当の効果があると思う。

　が、地方の観光の現場では、むしろ逆効果のように思えてならない。それは、そもそも観光や地域づくりは「短期」ではできず、ルーティンワークではないためだ。PDCAを作っても、「P（計画という名の絵に描いた餅）」を作ることが目的となってしまい、その後が続かない。

## 交付金のためのPDCA

　ひと言で言おう。永田町の言うPDCAとは、国の交付金を使わせるためのPDCAであり、正当に使われているかどうかを管理・チェックすることが主目的だ。つまり、人のカネを使う限り、計画どおりに物事が進んでいるか、前

年に決めたとおりに今年が進んでいるか、短期的にチェックするためのものだ。そのために「計画」に縛られ、自由が利かず、結果として無理やり計画値に帳尻を合わそうとするばかりで、本来の目的を達成するとは言えないという事業ばかりが現実ではないだろうか。

　長い目線が必要な地方の現場や地方創生を年度単位で動かそうというのがそもそも無理なのだ。ビジョンはあっていい。長い目線で見て将来こうなるから、そこを目指そうということは必要だ。ただ、年度単位で管理し、成果を求めるPDCAサイクルなら本当にやめて欲しいと思う。「予定調和」で地方創生は進まない。

　民間の世界では「3か年中期計画」が当たり前の世界だ。絶好調の東京ディズニーリゾートも30年間で、前年の実績を上回った年度は19回。すなわち、19勝11敗で勝率は6割3分だ。それが3か年単位となると、9勝1敗。その1敗はバブル崩壊と阪神淡路大震災が重なった3年間で、それ以外はほぼ3年間を2勝1敗で勝ち越している。これが中期計画だ。地方自治体でも中期計画を作るところが増えている。

　もちろん、その過程でPDCAも活用しているかもしれない。しかし、地方や観光の現場には、それよりももっと大切な上位概念がある。

### 共感から始まるデザイン思考

　その上位概念とは「共感」だ。顧客への「共感」なくして、経営も地方創生もあり得ない。地方創生において、誰と誰の共感かといえば、地方と都市の共感だ。「地方が好きだ」「都市の人が好きだ」そのサイクルを生むことこそが地方創生であり、「合コンをやるから客を集めてこい」という形ばかり先立つ発想とは違う。「時間をかけて相手の思いを洞察し、育み、時々失敗して反省し、お互いを許しあい、前に向かって進んでいく」のが「共感」であり、そこに無機質なPDCAサイクルはない。あるとすれば「臨機応変」だ。計画どおりなんかいくわけがない。「いつか達成するぞ」というビジョンを掲げつつ、その場しのぎで右往左往するのが現場であり、それが一番自然な姿だと思う。

　そうした姿を「デザイン思考」という言葉で表現し、とり入れる企業が増え

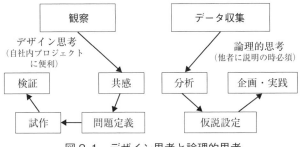

図2-1　デザイン思考と論理的思考

ている。デザイン思考の第一歩は「相手（お客様やマーケットの願いや悩み）をよく観察」して「共感」すること。共感が最初に来る発想法だ。そして、現実とのギャップを「問題定義」し、解決のためのアイディアを創造する。そのアイディアで「試作商品（プロトタイプ）」を作ってみて「試行販売（テスト）」する。そして、最初は必ず失敗するが、何がいけなかったかを「検証・修正」して、もっと相手との共感に近づけていく「臨機応変」な手法だ。

　PDCAに似ているが、最初に計画がないのが違う。「まずは、相手のことを考えながら想像でやってみよう」なのだ。恋愛と似ているかもしれない。一流企業は、余裕があるせいもあるかもしれないが、自社内プロジェクト等でこの発想をとり入れている。

　ただ、これだとカネ（交付金や補助金）が付かない。計画がないため、計画なしにカネを出す人はいない。残念ながら、最初にカネが必要なとき、PDCAが手段として必要となる。

### 地方創生の手順

　まずは、都市の人々に共感しよう。地方を飛び出し都市に出ていった若者に共感しよう。何を願い、何を悩んでいるのか。

　私たちがその解決に向けた場を作ろう。演出をしよう。ただし、ここで焦って自己満足に陥ってはいけない。例えば、田舎体験といって、そのままの田舎では受け入れてくれない。最初は都市の人のやり方で受け止めよう。

　いったん都市の人が地方に共感すれば、次は少しずつ地方のやり方を求める

ようになってくる。時間をかけて、共感の輪を作っていく。その第一歩は、地方から共感することであり、地方側で観察・議論する余裕を作ることだ。それを焦らせるから失敗するのだ。

カネは２年目でいい。最初は議論しよう。ゆっくりと、時間をかけて。

そして、都市に出てみよう。観察しよう。その疲弊した姿を。

そういうと、そのカネが出ない。カネが出ないとコンサルタントもつかない。しかし、コンサルタントなんか要らない。地方を創るのは自分たちだ。

筆者は大学の教室で、地方から出てきた学生たちに、最初は「夢」だった都会に就職するよう勧めている。その陰で「就職とは最初の第一歩であり、視野が広くなるにつれ、地方に戻りたくなる」とも言っている。それが現実だろう。

焦らなくても地方に戻りたい、地方に行きたい人は多い。それを無理やり単年度で焦って何かしようとするからろくでもない政策ばかりが生まれる。ゆっくりと構えて、都市に「共感」して欲しい。

共感ができたら、２年目にはコンセプトをデザインしよう。そしてキャッチコピーを創ろう。それは、都市の人たちが共感するようなものを。決して「ぜひわが町へ」という売り込みをしてはいけない。

## 4. 着地型観光の背景と課題

**着地型観光とは**

「着地型観光（旅行）」という言葉が、旅行・宿泊業界で市民権を得るようになり、地域によっては定着した感もある。

これまでの国内旅行というと、発地である東京や大阪が企画した「観光地周遊型」をパンフレットで販売するスタイルが主流だったが、欧米式「滞在型」旅行の志向が高まっていることやインターネットの普及により、「自ら調べて」「より自分のスタイルに合った」旅行を買いたいというニーズがその背景にある。その結果、「現地の人たち」が、「地元ならではの素材・人脈」を活用して企画した「現地発着」型ツアーの人気が高まりつつあるのだ。

その背景として、平成19年の旅行業法改正があった。これまで自ら募集する企画旅行については、大手旅行業しか作れなかったものが、現地発着・隣接市町村までの範囲に限り、地元旅行会社でも作れるようになったためだ。契約施設から手数料をもらうだけの「手配旅行」ではなく、自由に企画しオープン価格で販売できるツアーは、旅行会社にとっても魅力的だ。そのため、旅行業の免許を取るDMO・観光協会や地元企業も増えつつある。

## 誕生のきっかけはインターネット

　そもそものきっかけは、インターネットの普及だった。

　日本の旅のアキレス腱は、交通運賃の高さだ。その交通運賃を割り引いてもらい旅行するためには、団体で旅をすることが必要だった。そのスケールメリットを活かすため、旅行会社が発達し、個人を集めて団体にするツアーが四半世紀にわたり盛況を博した。

　しかし、インターネット時代になるにつれ、運輸機関は、中間業者に手数料を払うよりも消費者へのダイレクト販売を志向するようになり、早期割引やシニア割引など様々な個人向け割引を設定しはじめたため、消費者は旅行会社に頼まなくても、インターネットで直接割引チケットを手にすることができるようになった。すなわち、あとは現地の旅さえ手に入ればいいはず。それが、着地型観光のそもそものニーズである。

　慌てたのは旅行会社である。運輸機関は、販売手数料を減らすどころか、廃止をし始め、旅行会社の死活問題に発展しかけるようになった。そこで、2000年前後に中小旅行業者から「手数料に依存するのではなく、ランド（着地の企画）の付加価値でも収益を得るようにしよう」という機運が生まれた。地元で企画するから、その名も「地旅」。全国の旅行業者で、地旅に足（交通機関）を付けて相互に販売をすれば生き残れるという判断だった。しかし、その足かせは、地域に根ざす小さな旅行会社（第3種旅行業）はパッケージツアー（募集型企画旅行）を作れない、という旅行業法の規制だった。スケールメリットを活かす必要のあるパッケージツアーは大手旅行業の独占市場だったのである。そのため、地旅は単なるアイディアに終わるのかと思われていた。

そうした中、一筋の光明が「ニューツーリズム」だった。その頃、それぞれの事情もあり、農業関係者がグリーンツーリズムを提唱し、工業関係者が産業観光を唱え、学校関係者は修学旅行を体験型にシフトしていた。全て需要の減少を観光で解決しようとした政策なのだが、今後の国内旅行需要は「体験型」にあるのだ、という機運が盛り上がっていった。

そこで、国土交通省は、2007（平成19）年、旅行業法を見直し、第3種旅行業でも「現地発着に限り（隣接市町村までの範囲に限り）」パッケージツアーの企画・販売を認めることとした。これで体験型ツアーが増えると見越したのだろう。こうしたニューツーリズム振興や旅行業法見直しは、すべて「霞が関」の思惑で進んだのだが、「地旅」にとっては渡りに船であった。

**儲からない着地型観光**

しかし、「着地型旅行は儲からない」という声があちこちで聞かれる。もし「儲からない」のであれば、着地型旅行を取り扱う会社はここまで多くはない。

ひと言で言うと、着地型旅行は「すぐには儲からない」し、「大きく儲からない」のだ。それは、商圏が大きく宣伝が難しい割に、消費市場は小さく、消費のツボを見つけるまでには時間がかかる「少量特定市場×付加価値」型ビジネスであるためだ。そのため、「不特定多数市場×薄利多売」型ビジネスの発想で取り扱うには無理がある。とりわけ、単年度予算を追うようなサラリーマンに着地型旅行を作れというのは酷な話である。

あくまで着地型旅行は、「長い目」で、「地元に住む者」が、「最初は副業」で、徐々に取り組むべきビジネスなのである。

**着地型観光とは「生活者が生活者のために企画するツアー」**

着地型観光の「真意」を推察するうえでのヒントが、東日本大震災前に発行された『レジャー白書2010』に書かれていた。そこには、「今後、余暇に求める楽しみや目的」、つまり消費者の潜在的欲求が記されていた。それは (1)「社会や人のために役立つこと」(2)「健康や体力の向上を目指すこと」(3)「ぜいたくな気分にひたること」(4)「実益（収入）に結びつくこと」の4項目だ。

それぞれの主人公は、生活者だ。着地型観光では、こうした欲求を満たすツアーを作ればよいのである。

つまり、着地型観光とは、「生活者が生活者のために企画するツアー」であるべきなのだ。「儲からない」と言っている人は、その単位を勘違いしている。旅行会社が儲かるというのは、少なくとも、ツアー売上で数百万、収入で数十万以上儲かることであろう。ところが、現地発着型ツアーでの稼ぎはその十分の一程度ではないだろうか。それでは儲かるとは言えないのは確かだし、大手旅行業者が欲しいのは自治体予算である。儲からないのは、それもそのはず、消費者の欲求とは様々であるがゆえに団体にはなりにくいためである。

### 着地型観光は社会起業

着地型観光とは、成熟した余暇市場のなかで、「発地」の生活者を主人公として、「着地」の生活者が、潜在欲求を旅先で満たすツアーを作ることがそのキモである。それは、実施人数が少数ゆえ儲からないかもしれない。しかし、一回のツアーで数万円が儲かるのであれば、企画する着地の生活者にとっては、たいへん割のいい副収入にならないだろうか。単位を小さくして考えれば、着地型観光の真意が見えてくる。

大手旅行業者も、自ら自治体予算獲得に向け動くことより、社員の創業支援に取り組めるやる気とノウハウをもった社員が退職して地域に散り、自らの小さな（といっても旅行会社の給料よりは稼げると思うのだが）収入を手にすることができるだろう。

自治体は、市町村民や地域事業者に向けた観光講座を行うのがよい。とりわけ、観光シーズン以外にやってくる需要開拓は、地域にとってメリットをもたらす。長崎県佐世保市では、市民ガイドが企画した商品を「時旅」と称してブランド化してきた。例えば、有名菓子店のパティシエによるお菓子作り講座などがそうだ。バレンタインデー前には連日満員のことだろう。宿泊施設なども、地域で集まり、自らの宿泊需要の創造手段として取り組むのがよい。ただし、宿泊施設一社だけでやると「儲からない」という呪縛にはまるので気をつけたい。

「どこに行く」という発想から始まる旅ではなく、「何をする」「それはどこ」とつながる旅。インターネットの検索エンジンで見つけることができ、SNSで拡散する旅。それが着地型観光である。地域観光再生のために、そう気づいた時を「着地型観光・元年」にしていこう。

## 5. 地域で通訳ガイドを養成しよう

**通訳案内士制度の課題**

　旅行業界では、2020年の東京オリンピックの年には訪日旅行客が倍増し、目標とする4,000万人を達成するだろうと言われているし。そう思っていたい。しかし、「東京一極集中」、もしくは「ゴールデンルート」と呼ばれる「東京～富士山～京都～大阪」ルートをたどる観光客が増えるのみではなく、地域にまんべんなく観光客が行き渡ることが達成の条件だ。

　そのための問題点の一つとして挙げられるのが、外国語で観光案内できるガイドの圧倒的不足だ。

　日本では「外国人に対し、外国語で、有料で、旅行に関する案内を業として行う」ことができるのは「通訳案内士」のみ、と通訳案内士法で定められている。通訳案内士になるためには、国土交通省の実施する国家試験にパスすることが必要で、試験は「外国語（現在10か国語）・日本地理・歴史・経済や文化に関する一般常識」に関して行われる一次試験と、「通訳案内に関する口述試験」である二次試験がある。合格率は、なんと15％という狭き門。弁護士試験よりも難関なのだ。

　たしかに、日本人を代表して観光案内してくれるのだから、恥ずかしくない語学力や知識は国家資格に相応しいものだろう。

　しかし、問題はその就業率だ。なんと13,000名いる有資格者に関して、通訳案内業務の就業率は26％（うち専業は10％）しかなく、通訳案内士の4分の3は「資格を持っているものの仕事がない」状況にある。さらに、就業している方の62％は年収100万円未満で、400万円以上稼いでいるのは5％しかい

ない。つまり、通訳案内士で専業としてやっていけているのは全体の1％、全国で100数十名程度ということになる。さらに、そのほとんどが「英語」対応者で、東京や大阪等の都市部に偏在しているのが現状だ（観光庁・通訳案内士就業実態調査）。

### 特区案内士の創設

このため、実際の通訳ガイドは、日本語のできる（日本在住等の）自国人が担うことが多い。しかし、その問題は（中には素晴らしいガイドが多いことも推察できるが）限定的な観光知識しかないことである。それが、需要の多い、東京や富士山、京都に関する知識であることは容易に想像がつく。どんなに素晴らしいガイドさんでも、日本全国くまなくガイドできることは不可能だからだ。

つまり、観光ガイドが不足している現状で、どうやって全国くまなく外国人観光客を行き渡らせ、楽しませ、リピーターになってもらうのか。その戦略が不足しているのである。

そのため、観光庁では、平成19年より「地域限定通訳案内士」を新設し、都道府県単位の案内士の養成を試みたが、北海道や沖縄など一部の参加にとどまり、普及していない。そして、現在、総合特区制度を活用して通訳案内士法の特例を設け、特区自治体が実施する研修を受講した者を（試験は行わずに）「特区案内士」として登録している。

では、これでうまくいくか、といえば、まだまだ課題はあると思う。このことは観光庁だけの問題ではなく、外国語教育を管轄する文部科学省や、地域の労働問題を立案する厚生労働省をはじめ、日本全体として考えて行かなくてはならない問題である。現在、通訳案内士法改正に向けて準備が進んでいるが、ベターチェンジされていくことを期待したい。

### オプショナルツアーでガイド報酬を確保

最大の課題は、実際に案内士が誕生したとして、その能力に見合った報酬を得られるかという点である。正直、こちらの希望額を相手国の旅行会社に示

しても「高い」と言われ、値切られるのがオチだろう。民間ガイドの場合、出発地の旅行会社から入る報酬以上に、現地（日本）におけるお土産店等からのバックマージンのほうが大きい場合もある。案内士も同じことをやらなくては、相手国旅行会社の要求に応えるのは難しい。

　その対応策として、円建てのオプショナルツアーを多数作り、ガイド料はその中に包括して料金設定して、日本に来た外国人個人客に買ってもらうことである。その場合、団体ではなく個人客が中心となり、当初は需要が不安定だったりするだろうが、「着地型観光」と称して日本人に展開しようとしているのと同じことである。それも、外国人専用ツアーである必要はない。日本人と外国人が一緒にツアー参加してもよいと思う。

　そうなると、自ら手を挙げて研修に参加した「特区案内士」だけでもまだ足りない。ホテルや旅館、お土産店などで働く人たちが、すべからく外国語案内研修を定期的に受講することが望ましい。

## ガイド＋通訳マッチングサービスの登場

　官製の通訳の養成に時間がかかっているこの間に、ITを活用した新しいマッチングサービスが登場した。㈱Huberが運営する「TOMODACHI GUIDE」だ。スマートフォンでサイトを開くと真っ先に飛び込んでくるメッセージが「Make friends, Start Trip」。そのフレーズのとおり、このサイトでは、ガイドをして欲しい外国人が自分の行きたいコースの「ガイドと通訳のペア」を選び予約し、承諾を経て旅が始まる。価格はペアが自由に決める。当初は鎌倉（神奈川県）や横浜・東京でトライを始めている。この事業のミソは、通訳ガイドが1名だと通訳案内士法に抵触するため、あえてガイドと通訳を2名に分けている点だ。また、コスト面からガイドや通訳を担うのは学生だ。旅行者にとってはより安く、学生にとっても英語のトレーニングの場にもなるし、キャッチフレーズのとおり友人感覚でガイドすることができる。

　これからの時代は、こうしたビジネスが通訳案内士の不足のすき間を補っていくのかもしれない。

## 6. 地域資源を「編集」、素材を「物語化」

### メディア取材の裏側

　筆者は仕事柄、テレビや新聞・雑誌等の取材やネタ探しに協力する機会がある。特にネタを探して編集に至るまでの「企画」はとても厳しく、例えば単純な宿の紹介などでは、売り手が売りたいネタだというのが見透かされ、なかなか採用してくれない。

　情報を探し、企画や取材をする度にわかってきたのは、「そこに物語があるか」が採用のポイントとなるということだった。その点、旅館一軒では物語が少なく、地域の食や文化のほうが多様性や個性があり、採用もされやすかった。

　数少ない旅館を紹介した機会にも、そこに隠れた物語をあぶりださなくてはいけなかった。例えば、テレビで秋田の男鹿温泉で働く旅館の若女将を紹介した際は、「支え合いながら子育てと女将業を両立する同級生3人組」だったし、青森の熊の湯温泉の時は「冬はマタギ、春は農業、夏と秋に温泉旅館を営む一家」だったように、たった3分間の紹介とはいえ、その宿の特徴が物語化できるかどうかがキーポイントとなり、さらに「その人物に共感できること」が最重要だった。

　そうした意味で、その番組や紙面のターゲットに合うように、最初から物語として編集された情報というのが、なかなか探してもないので毎回とても苦労した。地元に取材にいくといろいろとネタがでてくるのだが、インターネットでは簡単に欲しい情報がみつからない。単なる有名人の訪問記のようなものばかりなのだ。ネタを探すのが難しいため、結局、どこかのメディアで物語化されたネタが、別のメディアに採用され、同じ旅館が明けてもくれても紹介されるというサイクルにはまっていく。そのため、一度採用されると、紹介される機会がどんどん増えていくのだ。

　観光業界には編集のプロがいない。その点が、地域や旅館の情報が知られないまま埋もれていく要因になっているのだろう。一方で、その現状をうまく活

用することが、メディアPRのコツでもある。

## コラムを書いて感じること

　筆者は過去に日本経済新聞で3週間に1度のペースで「温泉食紀行」というコラムを執筆し、温泉宿と地域の食を紹介してきたが、ここで読者に共感を得るためのストーリー作りのコツを学んだ。それは、一軒の宿の紹介に終始しないこと。最終的にハマったパターンは、温泉で地域を選ばず、食から選び、その食を食べられる旅館や店を選定する（旅館と店と別々になることが多い）というもの。例えば、函館の真イカを食べに湯の川温泉に一泊朝食付きで泊まり、夕食は市内の居酒屋で活イカをいただき、早朝には共同浴場に朝湯を浴びに行くというようなストーリーだ。

　食材としては浜田のノドグロ、四万十の鮎、屋久島のサバ。そうした知られざる食材が読者を惹きつける。温泉より「食」のほうがウケやすいように感じる。食が「主」、温泉が「従」になる要因としては、やはり「絵」になりやすく、差別化しやすいためだろう。温泉は、泉質や雰囲気など実際に「行ってから満足する」素材。最初に読者を「惹きつける」ためには「食」をメインに据えたほうがよいと思う。そのため、最初のPR素材を温泉ばかりに依存していると、ますますPRが難しくなるおそれもある。

　山奥の秘湯で食材がないと思わないこと。「食」は人間の三大欲求だ。例えば、山小屋のストーブでこんがりと焼く厚焼きトースト、旅館の従業員食堂でてんこ盛りになった山菜のマヨネーズ和え、駅前食堂で出てくるカレーライス、4月にだけ採れる白樺の樹液、おばあさんの売店で売っているハチミツなども十分旅人を惹きつける材料になる。

## 地域や宿情報を編集する体制づくりこそ必要

　また、そうした観光資源を伝えていくために、販売チャネルにすぎない旅行会社やネット予約会社に情報を提供しておけばいいと考えている地域や旅館があったとしたら、それでは不十分であると申し上げたい。消費者まで情報を届かせるためには、まず「メディアやクチコミの力」が必要である。テレビや新

第2章 地域観光の課題解決　71

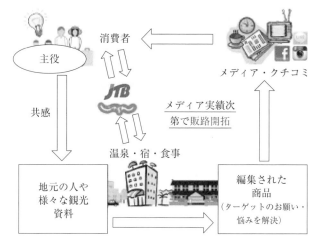

図2-2　観光資源を商品化して消費者に伝えていくためのサイクル

聞・雑誌で動機づけられた消費者がそのチャネルを使って予約をするに過ぎないからだ。

　しかし、メディアは何でもかんでも取材するかといえば、そんなことはない。あくまで消費者に届かせるために必要な「編集がされているかどうか」または「編集できるネタかどうか」という点を求めている。編集する素材は「地元の観光資源」である。その観光資源を「点」でバラバラと発信してしまえば、これまでと同じ。全ての観光資源を公平に発信しなくてはいけないというお役所発想になってしまう。その観光資源に「人」という要素を加えてみるとよい。例えば、民間のガイドでもいい。その上で、「地域の名ガイドを訪ねるツアー」などが企画されていれば最もわかりやすい。

　しかし、地域としての問題は「そうした企画を編集できる人がいない」ということだろう。そこで、先進地域とそうではない地域に分かれてしまうのだ。

　どこの地域にも人的余裕などない。周囲や上司に遠慮や忖度をしていては何も始まらない。先進地と言われる地域では、ひとりが何役も務め、二足・三足のわらじを履いてでも企画を作り上げている。そして、人々はそうした人に共感する。由布院も黒川温泉も、そうしてブランド化してきた。

　いま必要なのは、販売チャネルへの営業だけではない。ブランド化するため

のサイクルを生むために、「地域資源を編集する体制」を作り上げることなのだ。

## 7. デビュー企画を作ってみよう

### 「ボランティア」デビュー

　地域資源を編集することのきっかけ商品としておすすめなのが「デビュー企画」だ。世の中には、年齢にかかわらず、いろいろなことにデビューしたい人は多い。そうした人に向けて、背中を押してあげる企画を作ってみる。ただし、あくまで「売り手」の売りたいことだけを念頭においてもだめで、消費者の願いや悩みを洞察し、消費者本位で考えることが大切だ。

　例えば、ボランティアデビュー。東日本大震災や熊本地震では多くのボランティアが活躍した。しかし、ボランティアといっても誰もがすぐ簡単にできるものではない。それに、緊急を要する被災地では、素人が動くとかえって迷惑になる。しかし、ボランティアは被災地ではなくてもできる。雪おろし、農作業の手伝い。高齢化した地方において、若い手が欲しい現場はたくさんあるはずだ。

　海外では、スタディー・ツアーなどとも言うことが多いが、地域で困っている方々の手伝いをしながら、旅行者自身も旅行先の人たちから学びを得るツアーを企画し、多くの人にボランティアデビューしていただくのはどうだろう。

　「デビュー」とは、一度体験することで、次回やろうという心理的障壁が下がること。地方にボランティアに行くことで、いつかまた違ったボランティアに精を出そうと思う人たちが、生まれやすくなるような気がする。その背中を押してあげる役割を地域が担えないだろうか。

### 「はしご酒」デビュー

　日常、様々なデビュー・ウォンツ（欲求）がある。多くの場合、潜在化しているので、やってみたい本人も気づかないことが多い。しかし、こうした「気

づき」に気づいた時、それは企画として、顕在的な市場を作ることができる。

　成功事例として、「函館西部地区バル街」をきっかけにして行われている全国の「バル」がある。平成16年に函館でスペイン料理フォーラムのイベントとして実施された「はしご酒企画」から始まったこの企画。函館旧市街のバーや居酒屋を3,000円ではしご酒できる（ドリンク1杯とピンチョスというおつまみが付く）ことで、評判を呼び、以後毎年数回実施されるようになった。ふだんなかなか行けない「雰囲気の良い店」を覗いてみるという、一種のデビュー企画。市民・観光客が混在して楽しめると同時に、店としてもPRにつながっている。こうした「はしご酒」をしてみたいと思っていた人々のウォンツに刺さった企画だったと言えよう。

　その後、函館に続き、はしご酒デビュー企画は、札幌や福岡など、あちこちの町で催されるようになった。小さな温泉地でもやろうと思えばできる。新潟県の松之山温泉では、閑散期の2月に温泉旅館と温泉街の食堂が一品一杯を提供する「松之山温泉ふぇすてぃバル」を大学生と協同して毎冬開催している。おそらく日本最小のバルかもしれないが、豪雪に埋もれる冬の市民のちょっとした楽しみとして定着しつつある。かまくらの中に造ったカウンターバーを「キャマクラ」と称しているのも愛嬌だ。

　ただし、成功するためには「その日で儲けようと考えず、長い目で地域がまとまり、『初めてこの店に入った』という新しい地元顧客を少しずつ開拓していく」といった長い目線が必要だ。また、そもそも観光客は最初からは来ない。メディアで取り上げられるようになって初めて、ぽつぽつと参加者が増えてくる。まずは、市民による市民のための企画として定着できるかどうかが、この企画のポイントだ。

## 「感動旅」デビュー

　高橋歩さんをご存じだろうか。家族4人で世界中を旅歩き、旅好きの若者たちのカリスマとして、トークライブには何千人もの若者が集まってくる。彼の旅に関するポリシーやノウハウを集めた本を出版する会社や旅の雰囲気を味わえるカフェ・バーを経営する経営者でもある。『地球を遊ぼう』『7日間で人生

を変える旅』というカラー版のガイドブックは、書店で特設コーナーができるほどの人気だ。毎年一回行われる「旅祭」は、旅好きの若者でお台場が埋め尽くされる。

　最近、「若者が旅をしなくなった」と嘆く業界関係者が多いのだが、そういう人は、毎夏に東京で開催される「旅祭」を覗いてご覧になるとよいと思う。世界各地のダンスパフォーマーや世界中の食のフェスタの前に、旅をしたくてしかたのない若者たちの熱気を目の当たりにすることだろう。

　「若者は旅をしない」と嘆く観光関係者と、実際に旅に出たい若者たちのギャップは、一体何を物語っているのだろうか。若者の旅のカリスマ、高橋歩さんの本で紹介されている旅のテーマを紹介すると、若者が旅になにを求めているか、感じてもらえるはずだ。

　「京都の寺に泊まり込み、日常を離れたプチ出家の旅」「体重を6キロ減らし人生を変える断食体験の旅」「沖縄のエコビレッジで自給自足体験キャンプ」「草食系と言わせない最強の焼肉と最高の女を制覇する、究極の男磨きの旅」(『7日間で人生を変える旅』より)。

　若者は常に「感動」を求めている。大げさな感動である必要はない。自分が感動できればよいのだ。そうした若者の「自分ごと」を探るために、高橋歩さんの本を読んでみるのはいかがだろう。若者の「感動デビュー」の企画はちょっとした発想の転換でできるはずだ。

## 「女子旅」デビュー

　それでは、比較的誰でも、どこでも企画できるデビュー企画を考えてみよう。

　例えば、女子旅デビュー。現在は、男女の垣根が低くなり、社会人になっても女性のほうがしっかりとした報酬を得ているケースが少なくなくなったことで、若年層の可処分所得に男女差が生まれ、その結果、結婚機会が先延ばしされて晩婚化が進むと同時に、「女子だけ消費」が広がってきている。その一例が、近年もてはやされた「女子会」であり、「女子飲み」であり、そして、昨年あたりから登場したのが「女子旅」である。インターネットで「女子旅」と

検索しても1億件以上がヒットするし、多くの旅行会社が女子旅企画を売り出し始めている。旅の目的は「女子力のアップ」。名物立飲み屋に女子だけで行く、イケメン利き酒師から清酒のウンチクを覚える、といった男勝りのウォンツがあると思えば、石畳にあるハート型の石を見つけるなどといった乙女心をときめかせたものまで、パワーが付くものを女子だけで体験してしまおうという旅だ。問題は、こうした女子旅に適した観光素材を「編集」し、旅程化できる当事者が少ないことだが、地元出版社の女性編集者あたりと組んで、女子旅デビューツアーを企画したら面白い。これもまず、都会の女子を狙うのではなく、地元の女子から狙うほうがよいかもしれない。

　もし都会の女子を狙うなら、一人旅企画はどうだろう。最近は「ソロ旅」ともいう。

　周囲の動きに敏感すぎるゆえ、人づき合いがあまり得意ではないのに、SNSの浸透もあり「頑張りすぎている」女子はものすごく多い。その点、男性は「頑張りすぎない」のでそうした問題は出にくく、一人旅はもう「ふつうにやっている」ので、企画にならない。ターゲットにするなら女子がよい。

　女性のための「ソロ旅デビュー」企画を作ったのなら、ついでに旅館での過ごし方を指南してあげるのはもちろん、町歩きの仕方やパワースポット等も案内してあげよう。設定期間は、「青春18きっぷ」の利用可能期間と同じがよいだろう。ひとり旅はくせになる。一度満足できると、また次回も旅に出てくれる。日本中の観光地が協力し合うことで、日本中に一人旅女子の輪が広がっていくかもしれない。

### 様々なデビュー企画

　そのほかにも、赤ちゃんが始めて温泉宿に泊まりに行く「温泉デビュー」。ゴルフに興味あるのだけれど、コースには出る勇気のない層向けに、1番と9番の折り返し2ホールだけ体験させてもらえる「ゴルフデビュー」。お父さんと小学生が二人で旅に出る「父子旅デビュー」。デビュー企画はきりなく挙げられる。しかし、例えば「父子旅デビュー」のできる宿は極めて少ない。大人1名＋小人1名で予約できる宿はほとんど存在しないのである。ほぼすべての

宿が「大人2名様から」だ。まずは、このあたりから改善していかねば、新たな気づきは生まれにくい。

いま、日本全国各地の地域が、宿なら格安チェーン旅館から高級老舗旅館まで、年金受給世代のシニアを追いかけまくっている。経営者が自分たちと同じ世代を追いかけるのが一番理解しやすいという理由もあろう。マーケティングとは、あらゆる世代・性別・国籍の利用者のことをおもんぱかり、細かなターゲットを決め、販売戦術につなげることにあるのだが、観光地にはマーケティングという発想が希薄のため、皆で同じマーケットを追いかける悪癖がある。そして、地域で同じマーケットを追いかけると、地域内でライバルが増え、仲が悪くなるこれまでの観光地と同じ轍を踏む。

どこでもよい。地域で一軒でもいい。デビュー企画満載のホームページでも作ってはどうだろうか。国民が旅をしなくなったと嘆くのではなく、「旅」を創っていくことや「旅人」を育てていくことも地域の役割だと思う。

## 8. 一人旅のススメ

### 一人旅下見ツアー

新聞で「はじめてのひとり旅を応援」という小さな広告を見かけた。一人旅のツアーの広告かと思えば、少し違う。「羽田の集合場所めぐり」というこの日帰りツアー。実は、「一人旅ツアーに参加しようと思うが、旅をしていなかったので最近の空港や駅の様子もわからないし、集合場所まで一人でたどりつけるか心配」という人たちに向けた「一人旅ツアーの集合場所下見ツアー」なのだ。

取材記事（2016年10月21日付け日経MJ）によると、ツアーはほぼ満席で、参加者は60〜70代のシニアが中心のようだ。一人旅の行

写真2-2　ひとり旅集合場所下見ツアーの新聞広告（例）

き先は国内外様々で、羽田空港の国内線・国際線出発ロビーや東京駅を下見してまわる。

　下見ツアーがあるということは、もちろん、その本番である一人旅ツアーもあり、近年どんどん増加しているという。中には、夫婦で参加するのだが寝室は一人ずつがよいと、一人旅ツアーに参加する夫婦が過去におり、現在では「完全なるお一人様限定」ツアーのほかに、「夫婦で参加し寝室はシングル」ツアーまであるというから、まさに「おひとりさま」全盛期に入りかけていると言えるだろう。

### 増え続ける一人旅

　一人旅といえば、かつては「何か事情のある客」だとか「面倒なだけで儲からない」とか、評価が低かった。しかし、今では旅行会社の一人旅専用ツアーが満席になるほか、どのOTA（オンライン宿泊旅行予約サイト）でも「一人旅特集ページ」で多くの宿が掲載され、宿にとっても当たり前になりつつある

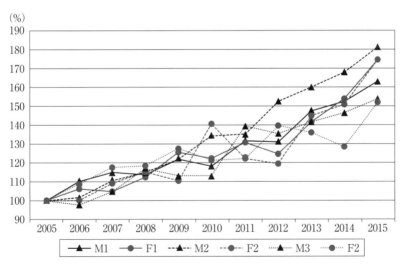

図2-3　年代別「一人旅」の伸び（2005年を100％とした時）
出所：「じゃらん宿泊旅行調査2016」をもとに筆者加工
F1：20〜34歳の女性　F2：35〜49歳の女性　F3：50〜79歳以上の女性
M1：20〜34歳の男性　M2：35〜49歳の男性　M3：50〜79歳以上の男性

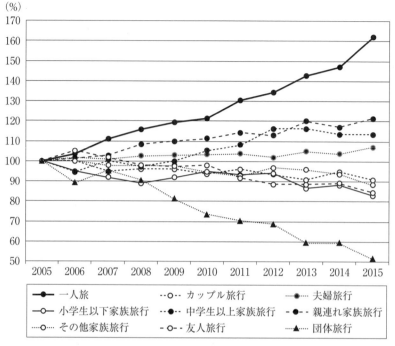

図 2-4　旅行形態別の伸び（2005年を100％とした時）
出所：「じゃらん宿泊旅行調査2016」をもとに筆者加工

ように思う。

「じゃらん宿泊旅行調査2016」によると、この10年で一人旅は大幅に増加している（図2-3、図2-4）。その比率は旅行全体の18％にまで達し、ついに「子連れ家族旅行」の比率を抜いた。

一人旅が増える背景としては、「晩婚化」や「一人世帯の増加」「休日が合わない」等の社会的事情もあるだろう。しかし、同調査によると一人旅の最大の理由は「ひとりの方が自由で気楽に旅ができるから（全体の67％）」というものだ。これは独身層だけではなく、夫婦やファミリー層でも同じで、「一緒に行く人がいなかったから（同20％）」や「旅行したい人とスケジュールが合わなかったから（同16％）」と比べても圧倒的な差をつけている。

つまり、独身世帯の増加や休日の分散化が一人旅の理由になっているのでは

なく、「自分だけの自由時間を確保したい」という思いの高まりが一人旅を増やしていると言える。むしろ、こうした自意識の高まりが晩婚化や独身世帯の増加を誘引していると言ってもよいのかもしれない。これは、スマホの普及や情報過多により自分だけで過ごせる時間が少なくなっているためとも想定できる。

最も一人旅をしているのは「20～34歳の男性」。宿泊旅行全体の29%が一人旅で、10年前のちょうど2倍にまで増加している。念のためだが、この調査での一人旅には出張や帰省は含んでいない。50～79歳でも男性の19%、女性の12%が一人旅を経験している。この年代が冒頭で紹介した「一人旅下見ツアー」に参加しているわけだから、この年代でもさらに増加していくことだろう。

### 一人旅歓迎の宿

一人旅が増加している背景として、こうした「消費者側の変化」もあるだろうが、筆者は「提供者側の変化」も大きいと感じている。つまり、一人旅を受け入れる宿側の変化だ。

これまで一人旅ツアーの受入れは、週末に部屋が空くビジネスホテルの利用が多かったと思う。しかし、最近では、温泉宿でも平日を中心として抵抗なく一人旅を受け入れる、いや、むしろ「歓迎する」宿が増えてきているのだ。

おそらく筆者も、あと10年もすれば、一人旅だけではなく、数人グループでの客室1名ずつ利用も増え、旅館の客室の半数は1人利用になっているのではないかと思っている。そう考える根拠は、旅館業務の厳しさに起因する「旅館の人手不足」にある。

群馬県、草津温泉の東に、「草津の仕上げの湯」として知られる「沢渡温泉」がある。小さな温泉街の中央にある「まるほん旅館」は、一人旅を土曜日も含め常に歓迎している。代々血縁関係者ではないと事業を承継できないというしきたりから後継者不在が続き、宿の減少が止まらない温泉地にあって、群馬銀行の融資担当者であった福田智さんが家族でこの温泉宿を引き継ぎ、現在でも繁盛を続けている。

一人旅歓迎の理由を福田さんにうかがうと、先代の時代から続けているというその理由は、「部屋を2人客以上で満館にすると、お風呂も混雑し、お客様の不満が増える」ためだ。つまり、「1人客を適度に受け入れておく」ことにより適度な収容人数となり、館内のお風呂や食堂での混雑が緩和され、全体での満足度が高まるので一人旅を歓迎するという論理だ。
　この考え方の背景には、人数を無理して取らない代わり、「客室稼働率を高め、単価を落とさない経営」を目指していることがうかがえる。その裏には、「稼働と売上を安定させ、雇用を維持したい」という思いもあるのではないかと思う。

## クレームの少ない一人旅

　旅館の宿泊売上の方程式は「客単価×一室当り宿泊人数×客室稼働率」であり、これに年間営業日数と総室数を掛けると年間宿泊売上となる。つまり、この3要素のどれを優先しつつ、売上を確保していくかが宿泊マネジメントの根幹となる。
　このうち、需要の落ちる平日にどう対応するかで、やり方が分かれる。多いのは、客単価を犠牲にしてでも一室当り宿泊人数と稼働率を守る「団体」思考。あるいは、稼働率を犠牲にしてでも2名客以上の客単価と一室当り宿泊人数を守る「2名客」思考がある。そして、一室当り宿泊人数を犠牲にしてでも、客単価と稼働率を守るのが「一人旅」思考だ。
　どれがよいというわけではないのだが、もし売上が同じだとすれば、どのパターンが一番、社員にとってストレスが少ないかとなった時、「一人旅を受ける時のストレスが一番少ない」というのが、現場の感覚なのだ。
　新潟県魚沼市の栃尾又温泉「宝巌堂（ほうがんどう）」も一人旅を歓迎する一軒。若女将の星智子さんに聞くと「一人旅は予約件数の半数以上」だという。2人以上だけではなく、一人旅を歓迎する理由は、まるほん旅館の福田さんの意見と同じものだった。
　それは「おかしなクレームが少なく」「馴染みになってくれる確率が高い」こと。

家族経営の宿にとって「理不尽なクレーム」ほど、やる気を凹ませるものはない。そのほとんどが2人客のクレームだという。その理由は推して知るべし。2人客の場合、相手を喜ばせなくてはいけないという義務感にも似た思いや見栄があるからだ。

　そうではなく、「自分が宿のやり方に合わせる」余裕を持つ旅人が欲しい。「もてなし」とは、相手にへりくだることではなく、客が気持ちよく過ごすための環境全般への配慮のことを指す。そんな「自分が宿に合わせる」という心理を一人旅の客は失っていないのだ。そして、宿本来の「もてなし」によって、馴染み客になる。

　おそらく、このことは属人で変わるものではなく、同じ人でも2人での旅の時の心理と、一人旅の時の心理では違うものになってしまうのだと思う。その証拠として、一人旅で宿を訪れた人の67％は、2人以上での旅もしていることが前述の調査で明らかになっている。

　クレームは、経営者はもとより、社員にとっても負担が大きい。人間関係のストレスが増大している昨今、一人旅よりも2人客にリスクが潜んでいる。時代は変わった。客単価や稼働率だけではなく、社員を2人客のストレスから守り、雇用を維持するためにも、一人旅を受けていこう。そうしないと、観光地での人手不足はさらに悪化していく。


## 9.「健康ツーリズム」の可能性

**蔵王かみのやま温泉クアオルト**
　一人旅にうってつけのコンセプトが「健康」だ。健康は願っているだけでは実現できず、動機づけが必要だが、それがなかなかできない。そうした人向けに山形県上山市が中心となり、蔵王やかみのやま温泉エリアで実施している「クアオルト健康ウォーキング」がある。ふだん健康の動機づけができずに困っていた筆者は、温泉に行ったついでに「やってみようか」という気分になり、観光客として一人で参加してきた。

「クアオルト」とはドイツ語で「健康保養地」を指す言葉で、ミュンヒェン大学に認定された里山の約3キロのコースを「がんばらず」に楽しく歩く。このウォーキングは医科学的に管理された「気候性地形療法」で、ただのウォーキングではないところがすごい。歩くことで持久力を強化するだけではなく、冷気で免疫システムや血液循環機能を改善したり、清浄な空気で気管支疾患などの改善を目指すことが計算されている。3万人の市民全員が参加することをめざし、2009年から実施している。市民は買い物に使える「健康マイレージ」が溜まることも動機づけになっているが、観光客の認知度も徐々に高まりつつある。

　まずは温泉の集合場所で参加料の2,600円を支払い、血圧と心拍数のチェック。小型の器具を腕につけると、ほんの十数秒で測定できる。健康運動指導士の資格を持つ専任ガイドのストレッチ指導の後、山形らしい果樹園の中を午後の「暮色（くれいろ）ウォーキング」がスタート。遠くに雪を抱いた蔵王連峰を眺めながら、雑木の里山をアップダウン。時々、休憩して心拍数を計り、160マイナス年齢数のベストの心拍数になるペースを守る。そして、地図兼用になったスコアカードに心拍数を書きとめていく。歩いている時はかいた汗を上手に発散させながら、肌はサラサラを保つように指導を受ける。途中、雑談をして笑いながら歩いたり、「ヤッホー」と声出しすることも肺活量アップの運動だ。湧き水に腕を浸けるのは、血液循環を活発にして疲労を軽減するクナイプ療法。木に抱きついてストレッチ。ベンチからの立ち上がりでロコモティブ症候群の予防運動。と、春山の自然を楽しみながら歩くだけではなく、健康づくりを習慣化できるように計算されている。

　約90分のウォーキングで温泉に戻ってきて血圧を測定すると、これだけ運動してきたというのに10も下がっていてびっくり。これからも「なるべく歩くようにしよう」というモチベーションが生まれる。歩いた後の宿では、温泉がじんわりと効き、湯上がりのビールがしみじみうまい。これは人気が出るのも頷ける。

## 当日予約が成功の鍵

　地域の観光関係者なら、おそらく「これならうちでもできる」と思われたのではないだろうか。クアオルト健康ウォーキングは、かみのやま温泉だけではなく、熊野古道や由布院温泉でも実施されており、清冽な空気と適度なアップダウンがあれば、日本各地どこでもできると言っても過言ではない。

　しかし、どこでもできそうでできない理由がある。それがこの健康ウォーキングの強みになっている。それは、「毎日実施」していて、「申込みは当日でもOK」で、「参加は1～2名でも実施する」という点だ。ドイツには失礼だが、健康プログラムであれば日本の医療機関の指導や監修でも十分にできるとも思う。ところができないのが、「毎日いつでも実施できる体制づくり」と「黒字化できるビジネスモデル」だ。

　観光の現場にいて常に思うのは、人はなかなか「健康を第一の目的として旅に出ない」ということ。むしろ、旅に出た時くらい不健康な料理を食べ、遅くまで起きていたいと思うのが人情ではないだろうか。そのため、クアオルト健康ウォーキングも旅行会社のパック旅行では集客に苦労しているという。健康ウォーキング参加者に人気の「山形名物こんにゃく懐石」も然り。家でもできそうなウォーキングやいつでも食べられる料理を目的として人は旅に出ない。「ウォーキング」だけではない。「農業体験」や「そば打ち」「歴史散歩」など、着地型観光のメニューとなっている素材は概ね全てがそうだ。残念だが、こうした「健康なコンテンツ」で「行きたいと思うシズル感」を出すのはなかなか難しい。

　そのために「当日予約（衝動買い）」のできる着地型観光が必要なのだ。

　旅に出て、宿に泊まると、空気のおいしさや森のにおいに感動する。「ただ帰るのはもったいない」と思った時、朝の健康ウォーキングがあったらどうだろう。宿でおすすめして、少しだけ背中を押してあげれば「ちょっと参加してみようか」という気分になり、財布が開く。リクルートじゃらんリサーチセンターの調査によると、旅に出た時の満足度は「出発前に予定していなかった場所で、想定外のよい体験をできた」時に最も高まるという。「農業体験」や「そば打ち」もそうだ。その場の旅人のアドリブを需要として取り込めるかがポイ

ントなのだ。

### 体制作りの次に残る課題

　そのため、上山市では市役所内に市長直轄でクアオルト推進室を設け、観光や健康、商工等の部署の調整しつつ、市民・観光客ともに参加が促進されるような体制をとっている。観光客だけでは集めきれなくとも、市民が参加していれば催行率は高まるからだ。前述のように、市民には「健康マイレージ」というポイントが貯まる仕組みもある。

　また、ドイツの気候性地形療法や運動生理学等を学んだ専任ガイドを養成したり、毎日実施している無料の早朝ウォーキングでは旅館のご主人が率先して案内役を務めたりと、日々確実に案内できる体制を整えている。

　そして、観光客の参加が増えれば収入も上がる。そのために観光客を集客すること。これが最大の課題だとクアオルト推進室も認識している。

　では、どうすれば観光客の集客ができるか。それは、温泉旅館の社員全員

写真2-3　毎日開催のウォーキングメニュー（詳細や変更もあるのでホームページで確認を）

が宿泊客に推奨すればよいのだが、これがなかなかできない。旅館従業員向けの研修ウォーキングも実施しているのだが、温泉旅館への紹介料制度がないためだろう。宿の忙しい業務の合間を見て宿泊客へ健康ウォーキングに参加を勧めるためには、経営者の強い意志と指導と、そのために何らかの収入が欲しいところだ。例えば、ただ紹介料を作るのではなく、やる気のある旅館に法人を作ってもらい、そこが販売代理店になるような仕掛けはどうか。もっと主体的に送迎をしたり、ガイドを買って出たり、総合的に旅館業が関わることで滞在客も増えていくような気がする。

健康ツーリズムは、医療や介護コストを下げる効果があるとともに、新たな観光客の集客ツールとしても可能性を感じる。ただし、事前に予約するのではなく、当日に集客することができるかが集客のポイントとなる。

地形と冷涼な気候なら全国にいくらでもある。上山市に勝るとも劣らないプログラムが開発できるのではないだろうか。

## 10. 人ビジネスで開花する地域観光

### ゆるキャラの次は、ご当地アイドル！？

AKB、SKE、NMB、HKT、SNH、JKT。…と聞けば、今更ながらだが、アイドルグループの名称だ。いずれも48人の女性ユニットだが、そのネーミングは、活動の中心地を表している。秋葉原、栄、難波、博多、上海、ジャカルタ。"ゆるキャラ"ブームの次は、こうしたご当地アイドルの集客力がなお徐々に注目されてくるのではと思っている。

例えば、原発被害の風評被害が長期化する福島復興の切り札として、郡山のLoveit!や、喜多方のKIRA☆GIRLといったご当地アイドルを福島県内各地に展開し、福島に「会いに来る」人たちを増やすことが、最も手っ取り早く、効果的な地域交流施策だと思う。

AKB48のヒット曲がカラオケで最も歌われるのは40歳代。こうしたアイドルを支持年齢層は意外に高く、幅広い。

写真 2-4　加賀市の「レディー・カガ」
出所：ホームページより

　しかし、なにもご当地アイドルは若くなくてはいけないという必然性はない。「レディーカガ」のように、年齢関係なく女性を集めてもいい。大切なのは「人」を主役にして、「新しい地域交流モデルを作る」ことだ。
　もともと、旅館は、地域の女性の一大雇用プールだった。女将がいて、仲居さんがいて、それぞれがお得意様を持っていて、旅館は繁盛していた。中には事情があって働く方もいて、源氏名が通る業界だった。男性の雇用プールとして建設業を挙げるとするなら、女性の雇用プールとして、地域の就業率を確保するうえでも、旅館業はなくてはならない業種だったように思う。
　もちろん、今でも女性の職場として機能はしている旅館もあるが、業務や施設が年々機能的となり、食事の「部屋出し」はどんどん減り、組織がマルチタスクになるにつれ、旅館も少数精鋭型に変化し、だんだんと「会いに行く」対象者が減ってしまったので、あえて「過去形」で表現した。
　そんな時代にあって、時代を先取りしたモデルが愛知県豊田市足助町にある。1993年に開業した「ホテル百年草」だ。ここはホテルを名乗っているが、社会福祉協議会による介護デイサービスの場としても機能している。10室の宿泊棟のほかに、老人福祉センター、デイサービスセンター、高齢者生きがい活動促進施設「zizi工房」、高齢者婦人センター「バーバラはうす」を併設す

写真 2-5　Zizi 工房、バーバラはうすの皆さん
出所：ホームページより

る。
　「zizi 工房」とは、地元のじいちゃんが働くハム・ソーセージ工房。「バーバラはうす」というのは、ばあちゃんが働くベーカリーだ。それぞれの製品はホテルでもいただけるほか、売店や通販で販売もしており、人気がある。
　つまり、「百年草」は、生きがいづくりと観光をミックスしたコラボレーション施設なのだ。公営ということもあり積極的な PR はされていないが、全国で参考するに値するビジネスモデルである。

### 人口構成の変化とソーシャルビジネスとしての観光
　百年草を「先取りしたモデル」と述べたのには理由がある。それは、百年草のできた 1993 年に現在の人口構成を予見できたとすれば、まさに先取り。先見の明と言わずして何と言おう。
　図 2-5 は、全国の「年代別人口の前年との増加数」（棒グラフ）及び「人口構成比」（折れ線グラフ）の推移である。見てお分かりの通り 2030 年頃までは 75 歳以上の人口ばかりが増え続ける。65 歳から 74 歳の人口増はすでに収束し、しばらくは減り続ける。64 歳以下の人口は、このまま減り続けると予測されている。
　こうした「超・高齢化社会」が現実となった時、高齢の単身世帯も増え、社

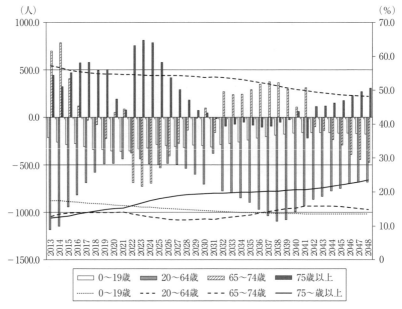

図2-5 年代別人口増減（前年からの増減人数）及び構成比の推移
出所：国立社会保障人口問題研究所将来人口推計をもとに筆者加工

会的な人的交流が一層必要になってくる。これを福祉に任せておくのではなく、積極的に観光の分野にも取り込み、新たなソーシャルビジネスを開発していくことも必要であろう。そのひとつの事例が「ホテル百年草」である。

観光ビジネスの基本は、いろいろな年代があろうとも、人的交流であることは変わらない。近年は人件費削減という名目の下、効率を追求し過ぎて、どこかでそれが棄損し、観光から交流的側面が失われてしまった気がする。

今後は、一層、人的交流を促進する観光ビジネスをまた盛り上げていくことが必要だろう。その際、そのビジネス推進母体やソーシャルファイナンスもデザインしておくことが求められる。スキームとしては、行政や特定企業が行うのではなく、地域の事業者や住民が「まちづくり会社」を作り、地域一体となって観光・交流ビジネスを通じた地域の維持を果たしていくのがよいと思う。

高齢者が元気に「葉っぱビジネス」で働いているので有名な上勝町（徳島県）では、若者がカミカツーリストという旅行会社を作り、農家の人たちに会いに

行く着地型観光を推進している（後述）。同様に、全国で「会いに行く」観光をどんどん盛り上げていって欲しいと願っている。


## 11.「解禁日」には産地直行

#### 「旬」の解禁！

　日本の飲食関連のニュースで「解禁」といって一番盛り上がるのは11月のボジョレーヌーヴォーだろう。しかし、遠くフランスのワインを待ちわびなくとも、日本の食材にも様々な「解禁日」がある。

　例えば、新年には能登で甘えびかご漁が解禁となり、春を迎えると、いかなご、しらす、さくらえび、ほたるいか、と続々と全国各地の海の幸が解禁となる。川でも、あまご、タケノコ、鮎と解禁が続く。秋、9月に入ると日本海の底引き漁が解禁となり、9月2日の市場には、脂ののったノドグロやぷりぷりの南蛮エビが並ぶ。9月中旬には板びき網漁が解禁となり、柳カレイの水揚げが始まる。時を同じくして、酒蔵では春に絞られた日本酒のヌーヴォー「ひやおろし」が解禁され、毎年、十五夜の頃には、旬のサカナで一杯いただく悦楽が待っている。

　10月に入ると、今度は太平洋でとらふぐの延縄漁が解禁。三重や愛知では水揚げされたばかりのとらふぐを産地で味わえる。間髪を入れず、11月にはずわいかにの解禁だ。さらに、山に入ると、マツタケの解禁。そして、新そばができたという杉玉がそば屋の軒先を飾ったかと思うと、森でイノシシ猟が解禁となり、新鮮なぼたん鍋の季節となる。秋の最後を飾るのは、新潟の誇る名果ル・レクチエの解禁だ。12月には、青森で活あんこうの解禁と、いよいよもってヨダレが止まらなくなってくる。


#### 知る人ぞ知る情報

　四季折々、日本にはいろいろな旬の解禁がある。ところが、こうした「旬の味覚の解禁」がどれだけ地域観光に役立っているかを考えると、その影響は

まだまだ小さいように思える。なぜなら、こうした情報を知っているのは地元の人ばかりで、ほとんどの日本人観光客は知らないのが現実だと思うからである。本来なら、地域の旅館あたりが「解禁情報」を発信し、グルメになった現代人の欲望を刺激してくれてもよいような気がするのだが。

それがなぜできないかというと、「価格」と「入荷量」が一定でないゆえに、利用者に説明するのが難しいためである。そんなことで苦情でももらおうものなら、善意の情報も無駄になってしまう。そう考えてしまうためだ。

日本の食材には、解禁後すぐの「走り」、もっとも脂がのって美味しくなる「旬」、シーズンの終わりを飾る「名残り」がある。そのうち「走り」は、流通しにくいために現地に行かざるを得ない。観光にとってせっかくのその貴重な情報が、情報になっていないのだ。

## 解禁ウィークには産地直行！

しかし、こんなに「おいしい」地域資源情報を、知る人ぞ知る情報にしておくのはいささかもったいない。自己責任で旅のできる消費者にうまく伝え、解禁日からしばらくは、「走り」の食材でもっと日本各地を盛り上げることができないものだろうか。もちろん、年による収穫量の差により値段は前後するので、そうしたリスクは消費者サイドが理解し承知したうえで参加しなくてはいけない。価格や提供数が保証できないとなると、旅行会社の募集型企画旅行（パッケージ旅行）では扱いにくくなるので、情報発信や販売はインターネット等ダイレクト販売に限られてくる。

誰かが「旬の食材の解禁」プランばかり集めた販売用 Web サイトを作ればよい。不特定多数に売るにはリスクが高いので「会員登録制」とし、人数制限付きの販売とする。稀少価値を訴求することで、単価を保つとともに確実な集客につなげ、代金の一部を地域資源の保護に役立てる。

「狩猟解禁後、新鮮なイノシシまつりを行います。冬になって肉が固くなる前の柔らかなしし肉を鍋ではなく、ぜひすき焼きで味わってみてください。11月16日から30日までの限定。先着50名様まで！」などと、eメールが来たら、すわ、森へ駆けつけよう、と思わないだろうか！?

通販では「産地直送（お取り寄せ）」が市民権を得たが、本来、新鮮な旬の味覚は「産地直行」でないと味わえない。「解禁日に産地直行キャンペーン」を始めたい。

　これまで、旅行マーケットは、規格化された商品の大量販売で成り立ってきた。フォードが自動車の大量販売を始めたことからそうしたモデルをフォーディズムと言われる。山の温泉宿で出てくるマグロの刺身は、フォーディズムのシンボルだったのかもしれない。

　しかし、すでに製造業の世界で少量多品種生産が当たり前になってきている。ひとりひとりのニーズにカスタマイズするポストフォーディズムの流れだ。

　その流れが観光の世界にはなかなかやってこない。なぜなら、観光世界の主役たちがフォーディズムのビジネスモデルの立役者だからだ。そうこうするうちに、需要は旅から遠ざかり、バーチャルの世界へシフトしつつある。それを食い止めるのが、地域の使命だ。

　観光経済がポストフォーディズムの流れにいかに乗るか。それが、地域観光の未来を決めるキーフレーズになることだろう。

## 12. なぜ山の温泉旅館でマグロの刺身が出るのか

**なぜ山でマグロか**

　「山の温泉まで来て、赤身のマグロか」――。せっかく人里離れた山間の旅館に来たのだから、都会で食べられない新鮮な川魚や山菜などを食べてみたい。それなのに、「なぜ赤身のマグロなんだ」と興ざめした方も多いのではないだろうか。テーブルに出てくるのは、マグロ赤身、サーモン、ホタテ、甘エビといった海産物がほとんどだ。

　その理由として誰もが想像つくのが、いずれも「冷凍保存の効く食材だから」という点だろう。旅館では、量の増減はあるものの全ての利用客にほぼ同じ献立を出す。そのため、大量に仕入れられる食材が必要なのだ。地産地消の

食材では仕入れ量が安定しなかったり、仕入れ値が変動したりするため、提供しにくいのが実情だ。

　ほかにも理由がある。旅行会社のパンフレットに載せる際に、「赤い食材」が好まれるという事情だ。例えば、マグロを筆頭に、エビ、カニ、キンメ、牛肉と「赤もの」の写真を前面に出すことで引きが強くなるという。一方で、アジやサバ、フグ、豚肉、山菜といった「青もの（白もの）」では注目を引きにくい。「赤ものは高い食材なのでは…」という解釈もあるだろうが、いやいや、手摘みの山菜などはA5等級（高格付け）の牛肉よりも単価は高い。あるとしたら「高いというイメージ」だろう。

## マグロが好きなのは誰か

　マグロが日本人の誰にでも比較的に好まれる食材であるという理由もある。子供はマグロが大好きだし、シニア層も昔はぜいたく品だったマグロを好む。一方で、川魚はにおいや小骨が多くあるイメージが強く、あまり好まれない。ウニあたりも好き嫌いがあって意外に嫌われたりする。最大公約数的にネタを選んでいくと、結局、マグロ、サーモン、ホタテ、甘エビというラインナップになってしまうのである。

　マグロが好きな地域性も背景にあるようだ。草津温泉や伊香保温泉など名湯の多い群馬県の旅館女将から「群馬県人はマグロが大好き」と聞いたことがある。総務省「家計調査結果」によると、マグロの消費量の多い県庁所在地・政令指定都市で、前橋市（群馬県）は堂々の4位にランクインしており、「群馬県民はマグロ好き」は当たっている。

　1位の静岡市は、マグロ水揚げ高が多いので理解できる。静岡県のお隣の山梨県甲府市もなんとなくわかる。その後に続くのが北関東の2市というのが興味深い。他の魚介と比べても、マグロは東日本で支持が高い。そのため、東日本に住む利用客の多い温泉旅館ではマグロの給仕比率が高いと解釈もできるだろう。

## マグロを出し続ける本当の理由

　しかし、日本の人口が減少していく時代にあって、今後の観光に求められるのは「商圏の拡大」である。「いま来ている客」にばかり目を向けるのではなく、新たな客層を狙うと同時に、クリエイティブ・クラスの多い都会在住者にも来てもらわなくてはいけない。そのためには、マグロばかり出していてはいけないと思うのだが、実態はそう甘くはない。

　地方の温泉旅館にとってのアキレス腱は「平日の集客」だ。旅館は集客が土・日曜日や祝日に集中し、平日は閑散としている。そのため、平日の宿泊客をいちばんありがたがり、重要視する。ここ1～2年は、平日に訪日外国人客が増えてきたが、まだ全ての地方旅館にまでは行きわたっていない。旅館が旅行会社を大切にするのも、平日に宿泊客を送ってくれるためなのだ。

　日本人の中で、平日に来てもらえる客層がシニア層。それも地元や近隣県のシニア層である。平日に旅館に行ってみるとわかるが、「シニアの楽園」と化している。そうした地元や近隣県のシニアが好む食材を出し続けているというのが、実はマグロを出し続ける温泉旅館のいちばんの理由なのだ。

## 高齢者以外の平日需要は学生旅行

　平日の宿泊状況が悪いのはデータからも明らかだ。複数の宿泊予約データベースを加工したビッグデータである、経済産業省「観光予報プラットフォーム」（前述）で人気温泉地のひとつである草津温泉の1～3月分を見てみると、確かに週末は満館だが、平日は空きが目立つ。

　年齢層別に比較すると、平日にがくんと落ちているのが「中年層」。働き盛りの層で、「週末には旅に出るが、平日は旅に出ない」層だということがわかる。一方、「若年層」が2月に入りグッと増え、平日を埋めている。これは、大学が休みに入るために増える、学生の卒業旅行などだ。この層は4月になると沈静化していく。「老年層」は草津温泉の場合、ボリューム全体としては小さいが、曜日による変動は少ない。平日に限っては「中年層」を超える日もある。

　居住地別に調べてみると、週末集中型は東京都からの宿泊客で、平日を埋

めているのは、その他の関東圏だ。このことは、草津温泉に限ったことではなく、全国的に「週末は都市部からの生産年齢層が、平日は近隣県のシニア層」が、それぞれ中心となっている。

　旅館は、仕入や在庫の関係もあり、毎日来てくれる客層に献立も合わせていく。そのため、若者が残さずに食べ、シニアの好きなマグロをデファクトとしていくのも致し方ない面があるのである。

　私たちが堂々と「山ではマグロではなく、地産地消の旬のものが食べたい」と主張するには、もっと休みを取り「平日にも旅に出る」必要があるのだ。

### 平日に2日連続では休みにくい

　ただし、働いている利用者側にも言い分がある。旅館のシステムは「一泊二食」が主体。「夕食時間に間に合うよう、午後6時までに到着してください」というのも旅館からよく言われるフレーズ。このシステムだと、2日連続した休みが必要だ。平日に有給休暇を使うにしても1日なら目立たないが、2日連続で取得となると目立つので取りにくい。そのため、宿泊旅行が週末に集中してしまうのはやむを得ないのである。このシステムが変わらない限り、平日に休んで温泉旅館に行くのは容易ではない。

　しかし、旅館側は一泊二食をやめると、食事抜きの客が増え、売上が減少するおそれがあるといって消極的だ。一泊二食を自由にすることで、食事付き予約に慣れない外国人や日本人の働いている層の取り込みができるはずだが、倒産しては元も子もないために改革は進まない。

### 夕食なしの新業態が登場

　そうしたなか、草津温泉に近年ついに登場したのが「素泊まり専用旅館（簡単な朝食は無料サービス）」。素泊まり旅館と聞くと安普請の旅館ではないかと想像してしまうが、そうではない。客室は和モダンのベッドルームで貸切風呂付の部屋もある。小さいながら内湯もあり、温泉もかけ流しだ。湯畑のそばに建つ「湯畑草菴（ゆばたけそうあん）」や「佳乃や（よしのや）」がそうした宿。料金も1万円程度と2食付きと比べても安い。前者は草津温泉の老舗旅館「奈良屋」、後者は四万温泉のデ

ザイナーズ旅館「佳元」が運営しているのでサービスも確かだ。

「佳元」の田村佳之社長に聞くと「当初は若い人学生や外国人を想定した」そうだが、実際に来ているのは、日本人の働いている層。「夕食を食べなくて済む」ため、遅いチェックインの時に便利なためだ。草津温泉なら、仕事を終わってから出ても夜には着く。翌日一日休みを取れば温泉を満喫できる。そのほか、シニアのなかには「量の多い旅館の料理を避けることができるうえ、好きなものを食べられる」と歓迎する声もあるそうだ。

開業当初は、こうした新しいカテゴリーが知られていないため集客に苦労したそうだが、今では平日の予約を取るのが難しいぐらい繁盛している。旅館業態も少しずつ「山でもマグロを食べなくても済む時代」に動き始めている。

## 13. 地域は「肉食」の時代へ

**リノベーション宿に注目**

地域の様子を現地やメディアで「観察」していると、その小さな変化に気づくことがある。

そのひとつは、最近「ストーリー性のある古い建物を改造したゲストハウスや民宿が受けている」ことだ。

シェアリングエコノミー型の宿予約サイト Airbnb で人気の宿が、銭湯の2階を貸し間にした物件。「銭湯」という懐かしくもエキゾチックな響きが、若い旅人や外国人に人気のようだ。

同じく東京・谷中では、共同トイレ式の戦後の木造アパートをゲストハウスにした「hanare」という宿が注目を浴びている。こちらのコンセプトは「まちぐるみ旅館」。近隣の食堂や商店、銭湯などの利用を推奨し、そうした町の商店が宿を補完する機能を果たしている。これまで「宿に囲い込んできた」のとは逆の発想だ。

長崎県の五島列島・福江島では、木造2階建ての「瀬川布団店」の片隅に造ったゲストハウス「雨通宿（うとじゅく）」の評判がよい。手造りのバーがフロント代わ

りで、ザーザーと地下水で布団を丸洗いする工場の二階が相部屋式のゲストルームだ。いかにも布団はふかふかそうな感じがするのも理由だろう。

予約の取れないことで知られる東京・蔵前のホステル「Nui（ヌイ）」は、玩具卸問屋の建物をリノベーションしたものだ。広々とした1階の作業場はカフェバーに、階上の事務所は客室になった。建物の古さをそのまま活かしたことで、そのストーリーに惹かれた人々が集まってくる。

北海道のゲストハウス「旅人宿&田舎食堂　天塩弥生駅」は、廃線となったJR深名線の同名駅の跡地に元国鉄マンのご主人が駅舎を復元した民宿で、メディアでもこぞって紹介されている。

近年では、古民家を宿にする事例が全国で増えているが、なにも古民家ではなくてもよい。現役の建物でも、民家ではなくビルであってもいい。様々なストーリー性のある建物を宿泊施設化できるケースが他にも多々あるのではないかと思う。

## 兼業民宿が再活性化

ストーリー性を追求した時、瀬川布団店のような「現役」の事業者だと建物だけではなく「店」そのもののメディア性が活きるのでなおよい。そうした事業者が兼業で宿を営む「兼業宿」も今あらためて注目されている。

これまでも農業体験のできる農家や漁家の兼業民宿は少なからずあり、教育性の高い体験は今でもあちこちでできるのだが、そうではなく、もっと「大人っぽい」経験のできる兼業宿であることがポイントだ。「本物の食に出会える」ことなどが代表的だ。

例えば、北海道・美深町の羊牧場「松山農場」を営む松山さんの自宅でもある4室の民宿「ファームイントント」。村上春

写真2-6　羊牧場直営の美深町の「ファームイントント」

樹の小説『羊をめぐる冒険』のモチーフになったのではないかと、ハルキスト（村上春樹ファン）も訪ねてくる。この宿の売りは、新鮮な羊肉のジンギスカン。松山さんご家族と一緒にいただくローカロリーのラム肉は柔らかく、ぺろりと1kgは平らげてしまう。4月には宿の裏手の白樺林から採れる樹液を飲むこともできるような大自然の中の宿で、人気の夏は予約が取りにくくなるのが難点だ。

　同じくジンギスカンの夕食を出すことで人気の温泉宿が山形・蔵王温泉の「ろばた」。その名の通り居酒屋だが、木造の店の隣に新館を建て、その2階を3室の民宿にした。店の奥手には、貸切の源泉かけ流し内湯があるので、浴衣に着替えてジンギスカンを楽しみ、温泉にざぶんと入って、湯上がりビールを飲み、酔いもまわった頃に階上で寝る。という甚だ横着な人に向く居酒屋宿だ。もともと山形は鋳物の生産地で、ジンギスカン鍋は山形製が多いという物語もある。

　熊本地震で被災した阿蘇神社近く、創業40年の精肉店「阿蘇丸福」。この店は、からあげが名物の食堂と民宿も経営する。民宿の食事はもちろん「から揚げ定食」。カリッと揚がった衣に、塩味の滲みたジューシーな鶏肉を求めて全国からファンがやってくる。

## 時代は「肉食」へ

　ここで紹介したのは、牧場兼業の宿、居酒屋兼業の宿、精肉店兼業の宿と「肉を出す宿」。

　というのも、近年「肉料理」の宿が気になるほど目立つのだ。都会でも熟成肉ブームが続いていたり、ローストビーフ丼がSNSを賑わすとおり、肉の注目度が高くなっている。

　旅館の会席料理でも肉料理を出しているとは思うが、目立たない。もし目立たせようとするなら、「一品突破」型でいかなくてはいけない。例えば、滋賀県湖北地方の名物である「鴨鍋や鴨すき」。湖北地方は、戦国武将ゆかりの地であったり、「観音めぐりの里」であったりと、歴史好きやシニア層に好まれるエリアだが、冬は「鴨」ブランドで知られているようなマーケティングが必

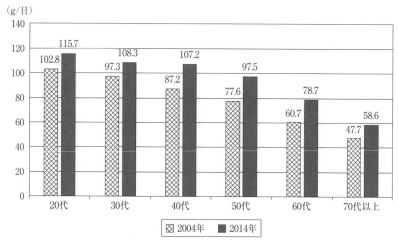

図 2-6 肉類の摂取量（10 年間の比較）
出所：厚生労働省「国民健康・栄養調査」

要だ。

　また、「肉類の摂取量」は、10 年間で 15％も増えている。これはシニア世代でも同様で、60 代は 10 年前の 50 代の量を、50 代は同じく 30 代の量を食べるようになった。一方で魚類の摂取量は減っている。こうした日常での食生活の変化も肉食ブームに影響しているのだろう。

　肉を出す際も、献立をその一品に集中する「一品突破」のほか、「本物志向性」も重要だ。

　山形・米沢湯ノ沢温泉「時の宿すみれ」は、米沢牛卸「黄木」の娘さんが女将を務める宿。「おふたり様の宿」を貫き、2 名客のみを受けるという特徴とともに、大きな鉄板カウンターで提供される米沢牛のステーキコースを求めて、常に客足が絶えない。地道に発信している女将の

写真 2-7　目の前でステーキを焼いてくれる米沢市の「時の宿すみれ」

心づくしの手紙がリピーターを作っている背景もあるが、品質の高い米沢牛をコースでいただけることも平日でも集客できる大きな理由だろう。

　赤牛の産地、九州の阿蘇・産山村には、九州で人気の高い民宿「山の里」がある。この宿は、赤牛牧場を経営する井さんが切り盛りする。夕食は、手塩をかけて育てた赤牛のステーキだ。ここにも地産地消で肉をいただけるという他にない希少性がある。

　一方で、意外に少ないのが「豚肉料理の兼業宿」だ。新潟県や北海道は日本有数の豚肉消費王国。「トンカツ店の兼業宿」とか「炭火焼きポークの民宿」があってもおかしくはない。豚肉と鶏肉は、牛肉などに比べて日常性が高く、その分珍しがられないというハンデもあるかもしれない。だが、そうした障壁を乗り越え、ジュージューと肉の焼ける音が響くシズル感のある個性的な宿が出てきても面白い時代だと思う。

## 14. 地元の食欲が拓く地域観光

### イタリアンレストラン大盛況

　日本人はイタリアンが好きである。東京では定番だとしても、地方の意外な場所でイタリアンの店が流行っている。例えば、北海道・層雲峡温泉の近郊では、フレンチの巨匠・三國清三さんがイタリアンレストラン「フラッテロ・ディ・ミクニ」をオープンさせた。周辺は人間の数より牛や鹿の数の方が多いような山の中だ。三重県菰野町では、山形県鶴岡市で超人気店「アル・ケッチァーノ」を経営する奥田政行さんがイタリアンレストランを開業し、こちらも連日満席が続いている。このほか、新潟県新発田市の月岡温泉の外れに建つイタリアン「トラットリア・オラ・ハラクチェ」も連日の人気で、週末には行列ができる。

　究極は、長崎県の人口２万人の離島「上五島（中通島）」の北のはずれの地に、国民宿舎を改築し開業した「五島列島リゾートホテルマルゲリータ」のイタリアンレストランだ。外食業の際コーポレーションが運営しているが、

写真 2-8 「五島列島リゾートホテルマルゲリータ」のイタリアン

　オープン当初、「島で成り立つのは魚を出す和食の店のみ。イタリアンなんか絶対に馴染まない」と言われ続けていた。しかし、いざふたを開けてみると、高齢化率が 40％近い離島で、焼き立てパンを提供するイタリアンの店は連日にぎわいを見せている。宿泊客だけではなく、パンやランチを目当てに島内からの来客も多い。

　日本の家庭でもパンの消費量が米を抜いたこともあり、家庭よりクオリティの高いパン（特に惣菜パン）を提供すれば、かなりの田舎でも集客できるようになってきたことも影響しているのだろう。

　パンの場合は、朝食のイメージが強く、単価の取れる夕食で参入しにくいと言われるが、例えば、パン食べ放題のレストランを全国展開するサンマルクホールディングスは、経常利益率で業界トップクラスの常連。つまり、おいしいだけではなく、夕食でも集客できる工夫ができれば市場は成立するのだ。とりわけ、同社のように、日常の食事というより、記念日・誕生日に特化したマーケティングも有効だろう。イタリアンのような洋食は、ケーキでお祝いする場面にぴったりだ。

## カレーライスの法則

　なぜ、ここまでイタリアンが流行るのか。常識で考えれば、高齢者が多い過疎地ではイタリアンは馴染まないと考えるのが常だろう。しかし、イタリアンは日本で受ける背景がある。

　一般的に外食消費は「家庭でも日常食べている」ことが前提となる。例えば、ブータン料理など珍しい国の料理を出す店などはもっとあってもよいと思うのだが、家庭で食べたことのないものはまず市場が成立しない。その点、カレーライスやピザ、スパゲティは馴染みがあり、合格なのだ。加えて、「家庭以上のクオリティが確実に食べられる」ことが第二の条件となる。ここでカレーライスが脱落する。第二の条件は、勝手に「カレーライスの法則」と言っているのだが、「自宅のほうのクオリティが高い場合、消費市場は成立しにくい」。漬物茶漬け店や中途半端な日本料理店がなかなか流行らないのと同じだ。本格中華や韓国料理等も日本風の味付けが家庭の基準となってしまっているので、本格的料理店は意外に成立しにくい。韓国料理＝焼肉と思われているのはここに理由がある。カレーも外食店が成り立つとしたら、本格カレーの店か、激辛など嗜好性の強い店になるだろう。

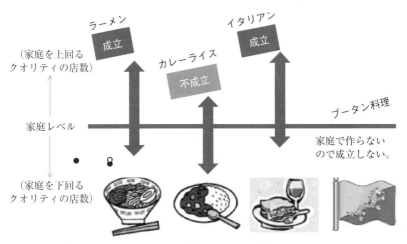

　図2-7　家庭よりもクオリティが低いと市場が成立しない ── カレーライスの法則

その点、ラーメンや寿司、イタリアンは、この条件をクリアする。すなわち、イタリアンは、外国料理のなかでは珍しく、日本人の味覚に合った料理なのである。バターを使った濃厚なソースが売りのフランス料理と違い、魚介が多い点や植物性のオリーブオイルを使う点も日本人の口に合うのだろう。
　社会学の分野にホフステッド指数という国民性を表した指標があるが、指数的に日本人はイタリア人に近い。メキシコ、ドイツも近く、韓国や中国は遠い。一番遠いのは北欧諸国だ。政治好きで飽きっぽい国民性も、食の嗜好を近づけているのかもしれない。

**「地産地消こそ追求すべき」というタブー**
　イタリアンの話を地域の方にすると、「ふ～ん、そうかな」と多くの方に眉唾ものの話のような顔をされる。いろいろな市場調査でも「日本人は和食好き」と出ることを知っているからだ。やっぱり日本人には、日本食。そして、地域では地産地消レストランを造る。
　もちろん、それでもよいのだが、地産地消レストランは相当レベルが高くなければ地元客の集客が容易ではない。家で食べられるレベルではわざわざ来店はしないからだ。そのため、どうしても地産地消レストランを造るなら観光客主体になってしまう。しかし、この「観光客主体」を実践するためには、相当のセンスのよさが必要になってくる。
　旅館の料理もしかり。ここでも和食の人気が高いと言われるが、真剣にパンを焼いている旅館（例えば、十勝川第一ホテル）では、圧倒的にパンが出る。和食を出すなら、それなりの原価をかけ、きちんとした料理を提供する必要がある。ところが、バブル崩壊以後の単価ダウンの影響で、どこかの時点で、家庭料理を下回るクオリティになってしまっていないか。そこまでして、日本料理で勝負する必要があるのか、と思うのだ。
　イタリアンを奨めているわけではない。高齢化率の高い地方だからといって、家庭料理を大きく超えたクオリティが担保できない場合、地産地消や日本料理にこだわる必要はないと思うのだ。むしろ、地元にないクオリティの高い料理をチョイスし、観光客に加えて地元からも集客し、客数を増やすという戦

略も考えられるのではないだろうか。


## 15.「赤いマーケティング」のススメ

### 赤は購買欲を高める

　11月上旬になると、日本海側の観光地の賑わいが増す。富山県以西のズワイガニのシーズンが6日に始まるからだ。遅れること半月。11月第3木曜日には、ボジョレーヌーボーがスーパーの店頭を彩り、消費者が赤ワインに群がる。
　さて、ここで何かにお気づきにならないだろうか。
　偶然と思われるかもしれないが、それは「赤」。カニも赤ワインも赤い。
　赤いコカコーラと青いペプシコーラの差は、味や営業量だけではなく、カラー・イメージもあるように思う。マクドナルドやセブンイレブンが、モスバーガーやローソンより強いとしたら、看板の色も要因になっているのではないだろうか。
　赤はマーケティングでは「購買を高める色」といわれ、カラーマーケティングでは赤を入れるか入れないかで売上が変わる。地味な色が定番だった冷蔵庫等の家電やスーツケースも、売れ行きがよいのは赤色系だ。うまく「赤」を使えるかどうかが、マーケティングのキーポイントとなることも少なくない。
　赤をうまく相乗効果として使うことによりファンを増やしているのが、プロ野球の広島カープと、Jリーグのセレッソ大阪だ。赤がチームカラーの広島カープは「カープ女子」キャンペーンで若い女子をターゲットにし、強いチームとはひと味違ったマーケティングを展開した。また、大阪市の花である桜をイメージしたピンクをチームカラーとするセレッソ大阪は着実に動員数を増やしているチームとして注目されている。
　いずれもチームカラーが赤色系。Jリーグ動員数ナンバーワンの浦和レッズのカラーも赤だ。LCCで真っ先に黒字を出したピーチ・アビエーションの機体もピンク、というのは偶然でもないような気がする。

旅館の食事でも赤は集客に有効だ。

筆者が「赤もの」と呼ぶ、エビ・カニ・牛肉・マグロといった赤い食べものは集客効果が高く、旅行パンフレットでも表紙になりやすい。

タラやアジ、サバ、野菜といった「青もの」も、味では勝るとも劣らず個人的には応援しているのだが、集客パワーではなかなか「赤もの」にかなわない。

近年の自然志向の高まりから作られるパンフレットには「青」や「緑」が基調になったものが多い。落ち着いたイメージカラーでとてもよいのだが、目立つという意味においては、ポイントで赤を入れる等の工夫が必要な時もある。

## 赤を「キャッチ商品」として生かす

また、赤い食材を追及していくと、比較的、東日本より西日本に好まれていることがわかる。表2-1は、主な「赤もの」食材消費量の都道府県ランキングだが、マグロを除き、ほとんど上位は西日本で占められていることがわかる。カニやエビは、わが新潟県もベスト10に入ってくる。この点からも、カニやエビは、県内はもとより関西に対して武器になることがわかる。

ちなみに、九州はケチャップ消費量が多く、お好み焼きや目玉焼きにもケ

表2-1 「赤い食材」の都道府県別消費量

| 順位 | カニ消費量 | エビ消費量 | 牛肉消費量 | マグロ消費量 | ケチャップ消費量 |
|---|---|---|---|---|---|
| 1 | 鳥取県 | 和歌山県 | 奈良県 | 静岡県 | 熊本県 |
| 2 | 石川県 | 奈良県 | 京都府 | 千葉県 | 鹿児島県 |
| 3 | 北海道 | 香川県 | 大阪府 | 埼玉県 | 奈良県 |
| 4 | 島根県 | 富山県 | 和歌山県 | 群馬県 | 愛知県 |
| 5 | 奈良県 | 大阪府 | 広島県 | 山梨県 | 佐賀県 |
| 6 | 滋賀県 | 京都府 | 大分県 | 栃木県 | 長崎県 |
| 7 | 京都府 | 秋田県 | 兵庫県 | 沖縄県 | 鳥取県 |
| 8 | 福井県 | 愛知県 | 滋賀県 | 神奈川県 | 埼玉県 |
| 9 | 新潟県 | 新潟県 | 熊本県 | 岩手県 | 和歌山県 |
| 10 | 和歌山県 | 滋賀県 | 愛媛県 | 山形県 | 滋賀県 |

出所：都道府県別統計とランキングでみる県民性「とどラン」

チャップをかける。長崎県のちゃんぽん店では「チャポリタン」というちゃんぽん麺のケチャップ和えまである。

「赤い野菜」を活用して首都圏マーケティングを行うなら、同じように赤い野菜を使い、首都圏で馴染みのあるイタリア料理やスペイン料理で訴求するのがよいかもしれない。マーケティング的には、顧客を惹きつける「キャッチ商品」と、提供することにより満足させる「フォロー商品」がある。あくまで顧客マーケットで馴染みのある商品は「キャッチ商品」とするのが基本なので、赤い食材は「キャッチ商品」として、地元ならではの青い食材や料理は「フォロー商品」として機能させるのがよいと思う。

例えば、旅館の朝食のPRとしては、どんなに美味い魚や野菜でもキャッチとしては効果は大きくない。そこはぐっと我慢して、いちごのたっぷり乗ったパンケーキ等をアイキャッチとして使ってみてはいかがだろう。

# 第3章
# 課題解決に向けた取組み事例

## 1. 予約の取れない温泉宿の物語 ── おとぎの宿米屋

### 家庭の日常が物語を生んだ

　福島県中部、白河と郡山の中間に位置する須賀川市。ぼたん園や、皇室も注文すると言われる特A米「稲田米」の産地として知られる。須賀川駅の改札を出ると駅舎に「ウルトラマン」の大きな看板。街を歩くと、怪獣のモニュメントが点在する。須賀川市はウルトラマンの生みの親、円谷英二氏の出身地ということからウルトラマンで町おこしをしている。ツツジやぼたんの名所としても知られる町だ。

　「おとぎの宿米屋」はその郊外にある。宿は丘の上の2階建て。決して豪華な建物ではない。この宿は「おとぎ話」がひとつのテーマだ。客室の名前も「おむすびころりん」や「さるかに」「はなさか」と楽しい。田んぼに囲まれた里山に毎分550リットルという豊富な温泉がわく地に立つ一軒宿だ。

　その昔、米の流通を扱っていたことから「米屋」。地域で小売業や不動産を生業としてきた有馬商店が、「おとぎの宿米屋」の前身である。関東等からのリピーターが90％を占め、週末はもとより平日も予約の取れない宿として知られている。主客層は30〜50代の夫婦やカップルの2名客で、なかには1年間に47回も通った利用客もいるという。

　全室に自家源泉の露天風呂や半露天が付くことが人気の秘訣なのだろうと思う人も少なくはない。しかし、ただ単に設備が素晴らしければリピーターが

生まれるというのは大きな誤解である。ハードを充実させたにもかかわらず、計画どおりにいかないと、多くの旅館が人件費の削減を図り始める。やがて、人と人との交流が消え、一層リピーターがつかなくなる。そして、明けても暮れても「一見客」ばかりで、営業コストがかさむ悪循環に陥っていく。

　旅館とは装置産業であり、客室稼働率を高めることで稼ぎが生まれる。そこで、高稼働率を維持することが必要である。しかし、そのためには価格ではなく、自らの旅館の「物語（ストーリー）」を創造し、共感するリピーターをいかにふやすかが重要なのだが、それに気づかず、設備の良さと価格操作で客が来ると誤解している宿も少なくない。物語は、自らの生い立ちや環境という身近なところにその素材があるのだが。

　かくいう米屋も、かつては低単価を武器に売る旅館だった。そして、本館から宿泊棟に延びる長い渡り廊下はクレームの巣窟だった。4人の子供を育てた常務取締役の有馬みゆきさんは、客に怒られるたび、「むかし、むっかし〜うらしまは〜♪」と涙ながらに口ずさみ、気を紛らせたという。仕事の合間のストレス解消は、おとぎ話を子供に読み聞かせることだった。子供たちが楽しみにしていた家庭での日常が、実はその後の米屋を支えるとは、その時は思わなかった。

**ビオ認証ホテル**

　おとぎの宿米屋は、日本の宿では数少ない「ビオホテル」認証を受け、料理では厳しい認証基準にのっとった有機栽培や無農薬栽培の農産物や加工品のみを扱う。宿の裏手には広々とした小麦畑が広がり、この小麦は刈り取り発酵させて土となる。その奥には野菜畑。ここでは無農薬・無肥料の野菜が作られている。そのため、刺身のツマも全ておいしくいただける。

　こうした安心食材を提供するきっかけとなったのは、東日本大震災だ。福島県内産野菜が使えなくなり県外産に変えた際、県内産のおいしさに改めて気づいた。そこから、女将の有馬さんのアクションが始まった。福島県から安心とおいしさを発信しようと県内外で作り手を探し、よい素材を作る生産者のネットワークが生まれた。

無農薬の牧草を食べて育った短角牛のステーキをいただいてみた。うまみのある赤身はくさみもなく、焼き肉の香りが食欲をそそる。食事に合わせる酒も自然醸造にこだわった福島県内の仁井田酒造の日本酒が使われている。薄味の料理に合う日本酒は優しい飲み口で五臓六腑に染み渡った。

## 「みたて」のマジック

　この宿の魅力は、ビオだけではない。子供に読み聞かせていた「おとぎ話」を夕食の献立として再現させたのだ。
　例えば、夕食が始まるとまもなく、天井の照明が消え、接客係さんが前菜の一品を運んでくる。手元で青く光っているのは竹筒。リピーターを生む「おとぎ会席」の夏バージョン「かぐや姫」のスタートである。「むかし、あるところに、おじいさんが光る竹をみつけたといいます」。接客係さんの口調に思わず笑顔がこぼれる。子供だましのように聞こえるかもしれないが、誰もが知っているおとぎ話を、今回の献立でどう表現しているのか、興味津々の「大人」のリピーター客が楽しみにしている瞬間だ。
　青く光っているのはLED。竹筒の中には、笹に隠れ、かぐや姫に見立てたミョウガ寿司が眠っている。百合根を裏ごしし、丸めた百合根玉にミョウガをかぶせた姿は、おくるみにくるまった赤ん坊のみたてだとわかる。その後、デザートまで、かぐや姫の物語にそった数々の「みたて」のマジックが続き、その度に心がなごまされる。この宿には、日常のストレスが積み重なる女性が、癒されに行きたいと言って来るケースが多いようだ。
　「かちかち山」の時は、タヌキに見立てた茄子が朴葉味噌の上で焼かれていく。朴葉の下からドライアイスの白い煙を立たせつつ運んでくるのがミソだ。ゼラチンで固めた割り下を「泥船」にみたてたすき焼き鍋に火が点けられると、泥船がとけていき、おとぎ話はクライマックスを迎える、という具合だ。
　「桃太郎」「おやゆび姫」「シンデレラ」と、有馬さんと料理長が二人三脚で考え続けた物語は30話以上にのぼる。
　今では、少しおとぎ話のトーンを下げ、すぐには何のモチーフだかわから

ないようにしているという。例えば、夏に提供される「おとぎ会席」の前菜には、玉手箱に見立てたズッキーニやサザエ等が並ぶ。「海神の宮」と名づけられた品はカツオやウニ等の刺身が野菜に囲まれた一皿。コースは第9話（9品目）の「楽しい思い出」と称するデザートまで続く。この料理は「浦島太郎」から着想を得ているのがおわかりになるだろうか。

料理とは、ただ提供すればよいというものでもない。食事の量や豪華な食材を求める方は、そうした宿に行けばよい。米屋では、「質」と「物語」という個性を追求することにより、リピーターを生んだ。

## 勝ち組のサイクル

いまや、名シナリオライターである有馬さんも、かつては着物を着て客前でお辞儀を繰り返していたという。しかし、客に媚びを売る妻の姿に「なにか違う」と感じていた主（社長）が、媚びへつらうのではなく、客を楽しませる方法はもっと他にあるのではないかと考え続けた試行錯誤が、おとぎ話につながった。

もちろん、夕食の演出だけではない。豊富な源泉が、空気にふれないよう底から注がれる露天風呂は、「花鏡」「森鏡」と名づけられ、季節の花や森の緑を映す鏡にみたてられる。夕食会場に炭を運んでくるリピーターの人気者社員は「炭おじさん」。滞在中、まるで絵本のなかにいるように過ごせる楽しさが宿泊客のストレスを解いてくれる。

「お客様に笑ってもらえるのが何より嬉しい」。有馬さんがそう語れるようになるまでは苦難の道のりだった。しかし、その時間が「参入障壁」となった。誰もが簡単にできる秘訣を盗もうと視察に来る同業者はその点をうかがい知る必要がある。リピーターはクチコミで広がっていく。クチコミが広がるには、時間がかかるのだ。しかし、どこかでスタートしなくては、永遠にリピーターは生まれない。

米屋も満足した客にはきちんとDMを送っている。DMはヒット率が低く、費用対効果がないという宿が多いが、それは余計な客にもDMを送っていることが理由の第一だ。満足した客にだけ送ればヒット率は高まるはずだ。

余談だが、よく客室に顧客アンケートなるものが置いてあったりするが、点数を平均化したり、クレームやその原因探しに使っているとしたら、それはよくない使い方だと思っている。クレームの原因となった社員を追い詰めるだけの「魔女狩り」にしかならないからだ。委縮したサービスほど、リピーター創造に役立たないものはない。もしアンケートを取るなら、あくまで満足客を探し、そうした満足を作った社員をほめるために使うべきだ。平均点などほとんど意味はない。平均点を使うのは、旅館を序列化したい旅行会社やOTA（ネット予約会社）だけだ。旅館の社内で評価結果を活用するのであれば、アンケートのトップボックス（5段階評価なら最高点の5のみ）の比率を評価基準にすべきである。なぜなら、最高点こそリピーターにつながるからである。

「おとぎ話」という個性がリピーターを生み、リピーターが高い客室稼働率を生む。安定した稼働率が安定雇用を生み、安定雇用がスタッフを育てる。そして、米屋を支えるスタッフこそが、おとぎ話の演出家となり、リピーターを育てる。この「勝ち組のサイクル」こそが、人口減少時代の日本の観光を支えていくのだ。


## 2. 地域の実行体制を作る —— 松之山温泉合同会社まんま

### 連泊客を創る

2007（平成19）年秋、紅葉真っ盛りの松之山温泉を訪ねた。訪問したのは、温泉地で旅館や土産店など観光事業を営む経営者の集会。松之山温泉では、世代交代が進み、30～40代の若手経営者に自然とバトンタッチした機会に、地元客に愛される温泉をめざし、将来に向けて何をしていけばよいかと勉強会が行われた。

「現在来ていただいているのは地元の高齢者。このままでは、10年後に温泉は尻すぼみになる」「北陸新幹線開業と同時に北越急行の特急は廃止される」「旅館規模が小さいので、旅行会社に相手にされない」——そんな危機感をもとに、「連泊・滞在できる温泉地」を目指そうという目標が生まれた。

よく「元気な観光地はどこか」、と聞かれることがある。その第一の答は、「経営者の過半数が若い」ことである。もちろん、若い経営者ほど経営センスや技量は持ち合わせていない。しかし、「成功体験」も持っていない。このことが、時代の変わり目にあって、元気な地域を創る源なのだ。特に、1990年代半ばを境に生産年齢人口が減少に転じ、経済の潮目が変わった。今後、地域での経営で重要なのは、経験したことのない人口減少時代に向けて、将来を予測し、過去の手法にとらわれない新たな挑戦を進めていくことである。若い経営者ほど命が長く、将来を見通すことができる。松之山温泉はラッキーなことに、こうした機会を得ることができた。

**全員一致の限界**

　どんな観光地でもそうなのだが、将来の方向性やアクションプランを考えるうえで、「全員一致」は極めて難しい。売上を伸ばすための「攻め」（マーケティング）の話ではなく、利害が一致する「守り」（温泉の維持や管理等）の話であれば、全員の同意が得やすいのだが、旅館など事業者の規模が様々であればあるほど客層も変わってくるために、将来売上に関しては思惑や営業方針も変わり、地域全体でひとつの市場を追いかけるという目標は年々難しくなっている。

　しかし、ある意味でそれは健全なことだ。人口が減少するなか、地域の事業者がそれぞれ生き残りをかけて「別の客層を追うようになる」ことは、生き残り戦術としては理にかなっており、全員一致が難しいと言うのはうなずける現象だと思う。

　ところが、そこで難しくなってくるのが、観光協会などの組織運営である。集会をやっても、利害が一致しないので話がまとまらない。結局、幹部の方針に従わざるを得なくなり、一部の人達は離反し、まとまるべきところでも別の方向を向いてしまう。あるいは、全員一致はしたものの、最大公約数的でインパクトのないプロモーションに終始しまいがちになる。

　そこで、松之山温泉では、観光協会や温泉組合とは別に、合同会社（LLC）を立ち上げ、新たな連泊客を獲得するための仕組み作りを始めることとなっ

た。ターゲットとする商圏を地元だけではなく、首都圏に広げたい事業者だけが集まった。地元客を大切にしたいという事業者は参加しない。これだと、地域で仲間割れしてしまうのではないかと思う方もいるだろう。しかし、そこは事前に十分に周知をして、参加するかしないかは遠慮なく決められるようにしておかなくてはいけない。

　設立されたのたのは、「松之山温泉合同会社まんま（以下、「まんま」）」。その設立に際しては観光協会はじめ、行政や地域の皆さん全員の支援を受けた。

　このように、特定の目的に向けて、意思のある一部の人たちがまとまりアクションを起こすための実行部隊を作ることは、今後全国の地域に必要されていることだと思う。

### 最初は売れない着地型観光

　旅館や土産物、食堂の経営者たちが集まり作った「まんま」が目指したのは、現地発着の「着地型観光」の企画・運営。連泊してもらうには滞在中のアクティビティが必要であり、美しい棚田や美人林の地域資源を活用したミニツアーを作り、松之山温泉発着で展開していこうというものだ。2007（平成19）年の旅行業法改正で、地方で事業を営む第三種旅行業者も、当該及び隣接市町村の範囲内で募集型企画旅行（ツアー）を組み立て、販売できるようになった。地域ならではの人脈や知る人ぞ知る資源をツアー化し、旅慣れた現代人に提供していこうと、「まんま」でも旅行業免許を取得し、地元農家が田舎暮らしを手ほどきする「うちの田舎へいらっしゃい」などの商品を企画・販売をし始めた。

　しかし、最初はほとんど売れない日々が続いた。それもそのはずである。情報発信源は、ホームページとクチコミだけ。売れるためには時間がかかることは最初から覚悟していたが、売れないと凹みがちになる。大手旅行業者へも受託販売ができないか相談に訪ねたが、「時期尚早」と対応されうえ、むしろ、大手が自ら「着地型観光」と称し、ツアー企画を始めてしまった。ただ、大手をはじめとして既存旅行業者が着地型観光に取り組むのは容易ではないと思う。なぜなら、着地型観光は大量販売できないうえに収益性が低く、海外旅行

を売っていたほうが、はるかに儲かるからである。しかし、海外旅行だけでも食っていけず、いずれ近い将来、発地旅行業と着地旅行業が手を組む日が来ると予想している。

着地型観光とは、収益性が低く、そのために「地元を背負い、地元で生きていかねばならない」地元事業者が、将来まで見通した長い目線で、最初は「副業」として取り組まねばできない事業だと思う。そのため、「まんま」は社員全員が副業で、専任者なしで最初の年度を終えた。

それでも赤字にならなかったのは、松之山温泉を無菌充填してボトルに詰めた化粧水「松之山温泉ミスト」が売れたからである。女性にとって乾燥しがちな肌に潤いを与える必需品として、十日町市の土産品コンテストでも金賞を受賞し、経済産業省が提唱するクールジャパンの一環で「世界にまだ知られていない、日本が誇るべき優れた地方産品500選」にも選ばれた商品が、合同会社の資金繰りと収益を支えてくれた。

余談だが、こうした温泉化粧水は全国各地で売られている。なかにはあまり売れ行きがよくないものもあると聞くが、松之山温泉ミストはよく売れる。その秘訣は「旅館の女将や仲居さんなど、社員が率先して販売する」からである。そのためにはもちろん自分も使って、よいと思わなくてはいけないし、会社に対してもよい思いを持っていなくては、なかなか率先しては売れない。そうした意味で、松之山温泉は働きやすい職場であることを心掛けている。

### 「誰がやるのか」では何も進まない

そして、売れる商品と売れない商品の峻別がつくようになるにつれ、着地型観光も売れるようになってきた。一番の売れ筋商品は「美人林」のスノーシューツアー。すっと立つ姿を美人に見立てた美しいブナの若木の森を貸し出したスノーシューで一巡してくるというもの。ほとんどの利用客が宿に泊まってから知り、帰りの時間を利用して体験をしている。そういう意味では、まだ旅の目的にまでは至っていないのが課題であるが、今では、JR東日本の「びゅう」商品のオプショナルツアーとしても販売されている。

しかし、最初はたいして儲からない着地型商品をあえてやろうという人は

当然出てこない。その時、「誰がやるのか」が問題となる。そこで、専業としてではなく、副業として旅館が始めるという手法を採った。旅館は旅館業しかやってはいけないという法則はないのだから、問題はない。しかし、旅館も忙しいがゆえに「副業する暇などない」かどうかは、地域の方々が胸に手を当てて考えてみるべきだろう。

世の中の観光情報を見てみると、地域や旅館それぞれが、一貫しない情報を「点」として発信しているために、消費者には感知されない。少しでも「線」として情報が整理し、何時にどこに行けばそうした体験を効率よくできるのかを編集したものが「ツアー」である。受益者はあくまで地域である限り、地域の人たちがツアーのつくり方を勉強してでも実施することが必要なのだ。

それを、地元を深く知らない都会の旅行会社に任せてしまうがために、どうしても大量販売型となり、現代人に魅力的に映らない。

そのため、地元の人たちがツアーを作ろうとするのだが、既存組織でやろうとしてしまうがために、誰がやるかでもめ、利害が対立し、先に進まないのだ。

その解決策のひとつが、地域事業者がまとまり法人化を図り、地域の実行部隊としての旅行会社を立ち上げて着地型観光の推進することであり、松之山温泉は、その先がけとして挑戦を開始した。おそらく、このスキームが新しい日本の地域観光のコアとなっていくはずである。いかに先行して始めるかが、地域の生き残りにかかっているといっても過言ではない。

### 3. 協業・提携で付加価値を創る —— 合同会社雪国食文化研究所

**同業者が協業・新事業開発**

「松之山合同会社まんま」のある十日町市では、「まんま」代表の柳一成氏も参加してもうひとつ別の合同会社が誕生した。それは、雪国の食文化を守り、広く発信しようと、「飲食店」「一次加工食品卸」「体験学習」を柱に、県内旅館3軒が出資・設立した雪国食文化研究所だ。新潟の伝統料理を消費者や雪

国観光圏内の旅館に提供しようという事業趣旨で、十日町市内の文化施設にカフェ・レストラン「ユキマツリ」を出店している。

先進的なのは、同業同士という垣根を超えて、提携・協力して新事業を開発したことである。人口減少や消費の多様化により需要が縮小し、新しい需要を誰かが生み出さねば、観光事業は永遠に縮んでいく運命にある現在、一軒の頑張りでは限界がある。知恵と資金を出しあって法人を作り、行政や民間の支援を得ながら、本業の需要拡大に向け、補完的に市場を育てていくことが、長い目でみればどれほど重要か。

近年では、山形県でも、3軒の旅館が協同で会社（THKコミュニケーションズ）を作り教育研修の協業化を行ったり、東京都内にアンテナカフェを出店して、県内産品の普及や都会で受けるメニューの研究を行っている。

### 新事業の仕組みと課題

雪国食文化研究所は、その名のとおり、雪国の食文化を未来に伝えるために設立された。効率が優先される現代では、「八十八手」と呼ばれる様々な手仕事を省いたファストフードが当たり前となり、保存食を中心に雪国で受け継がれてきた食文化や調理法、果ては作り手の農家までがやがて消滅してしまう。そうした危機を未然に防ぎ、子子孫孫と雪国の「A級グルメ」たる郷土料理を未来へと永久に受け継いでいくためには地域の思いと協力がが必要不可欠だ。

そのため、同社では、まずは農家に対して野菜等を契約栽培で一括発注する。加工場でもあるカフェの厨房で調理した郷土料理を真空パックして一次加工品として地域の旅館や店に卸す事業を始めた。こうした取組みは、仕入ロットの少ない一軒だけではできないが、発注者がまとまれば、新しいことができる。

しかし、新しいビジネスを育てていくのは容易ではない。業容を拡大し、需要を作っていくために、事業そのものが市場に広く受け容れられねばならないからだ。出資者の自己需要だけでは、新需要の創造まではなかなかつながらない。

雪国食文化研究所も、伝統郷土料理の一次加工品をどれだけ多く、かつ利益

の出る価格で地域の旅館が買ってくれるのか、あるいは、利幅の小さな体験学習に手間を取られないかなど、課題はある。もっとも、どんな事業にも必ず不安要素はあり、それを批判・評論するのは簡単だし、ねたむだけなら誰でもできる。ただ、それでは、地域経済は一向に活性化しないだろう。いかに、小さく生まれた事業を応援したり、真似したり、育てていくかが大切だ。

## 子ども料理に特化する案

　例えば、こうした事業なら、まず「子ども料理」に特化してみてはどうだろう。前述したように、子ども料理は旅館にとって悩みの種だ。郷土性をもっと打ち出したくとも、相変わらず、エビフライ・ハンバーグ・オムレツの三種の神器に頼り、なかなか差別化できないでいる。アレルギー対応も年々多様化し、親の要求も高度になってきている。
　また、「飲食店」「体験」「食品卸」という三業態を有機的に結びつけることも強みになる。
　そこで、まず、地元の若い母親に向けた「田舎料理・お弁当作り教室」を企画し、「料理コミュニティ」を構築する。このコミュニティが次の需要の核となっていくはずだ。保育園・幼稚園での行事に活用してもらってもいい。そうした取り組みをメディアで取材してもらう。それぞれの営業は三社の強みを活かして取り組めるだろう。こうした取り組みを通じて、「旅館で喜ばれる郷土性のある子ども料理メニュー」を考案しておく。
　夏休みには、商圏を広げ、夏休みの家族旅行として、各旅館で「新潟の田舎料理宿泊プラン」を実施しないか提案する。地元の食材を使い、子どもが喜ぶメニューとレシピをお母さんに提供するのだ。ただし、この際、お母さんに田舎料理を作らせてはいけない。家族旅行では、徹底してお母さんは休業日だ。とはいえ、常に母親は、子どもに喜ばれ、かつ郷土性のあるメニューを食べさせたい、学びたいと思っている。そうした母親の願いと、旅館の「子ども料理を何とかしたい」という悩みの両方の解決を図るのだ。さらにその翌年にはさらに商圏を拡大していく。
　大切なのは、いろいろなアイディアを彼らに提案したり、相談したり、応援

して、皆で新需要を創造していくことだと思っているが、もっとも、この程度のアイディアであれば、雪国食文化研究所の皆さんはとっくに考えていることだろう。

## 地域問題の解決を観光需要につなげる

　伝統食の加工・発信だけではなく、今後様々な場面で、協業による「新事業の創造」がこれからのキーワードになっていく。自然エネルギー、環境保全、高齢者福祉、農林水産業の振興、等々。そうした地域問題の解決を図りつつ、新しい観光需要の創造を目指す「着地型観光」が今後需要を伸ばすはずだ。その着地型観光とは、都会に住む人たちに新たな価値を提供するための下見ツアーだったり、田舎との関係性を構築するためのツアーだったりする。

　そして、その地を旅するだけではなく、帰ってからは、そこで作られた加工品を通信販売で家の食卓でも使い、まとまった仕事をする時にはサテライトオフィスとして、いざという天変地異に見舞われたのならいつでも移住できる疎開先として、第二のふるさととして、都会と地方とで過ごす新しいライフスタ

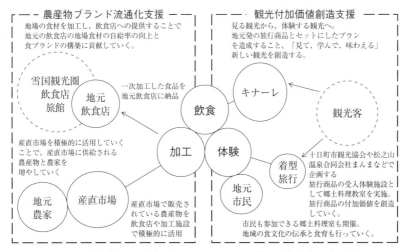

図3-1　地域資源の融合と加工を展開する「雪国食文化研究所」の事業スキーム
　　　　出所：同社資料より

イルを作りだしていく。

　着地型観光とは、今ある観光資源（ハコモノ等）を旅行会社に売り込むことではない。地域内での協業を通じて、新しい需要を創造し、都会と地方の交流を通じて新しい価値を都会の方々に提案していくことなのである。


## 4. 地域をコーディネートする「社会起業家」たち

### 株式会社カミカツーリスト（徳島県上勝町）

　農協出身の横石知二さんと㈱いろどりの皆さんが高齢者住民に知恵を授け、過疎地での「葉っぱ（日本料理のツマモノ）」栽培をビジネスにして有名になった徳島県上勝町。年間4千人もの視察客のあるこの町に、小さな旅行会社がある。

　大阪出身で徳島大学を卒業、徳島市内で働く土木技術者だった溜本弘樹さんが社長を務める「カミカツーリスト」だ。2009年、職場の先輩に誘われ、家賃が安いからと上勝町の廃校した小学校の建物に事務所を置くまちづくりコンサル会社に転職したことがきっかけとなり、2年間の「ふるさと雇用事業」で、町のグリーンツーリズムを手伝うことになった。この時点で観光に足を踏み入れる「二足のわらじ」の人生が始まった。

　観光の現状を知って間もなく、観光協会のない町で「着地型観光」の旅行会社が必要と知った溜本さんは、観光にはそれまで全く縁がなかったにもかかわらず、独力で国内旅行業務取扱管理者の通信教育の受講を始める。町に来て1ヶ月後のことだ。そして、3ヶ月後に合格。その間、町の人たちと旅行会社ができたら全面協力するという話を取り付けていた。

　溜本さんはそれまでコツコツと貯めていた貯金をほとんど全てはたいて資本金とし、1年後の2010年に会社を設立。視察を受け入れていた㈱いろどりや町から視察の業務を一切委託された。以後、緊急雇用対策で派遣された4人の社員ととともに、視察ツアーの企画商品化や空き民家を活用した農家民宿開業プロデュースなど、限界集落再生の旗手としてフル回転してきた。

ここには、ある成功のモデルが存在する。まずは、本人が動機付けられ、資本金を自ら捻出するリスクを負ったこと（個人のリスク）。一方、町は業務委託や補助金の紹介、古民家の斡旋の協力をしたこと（地元の協力）。さらに、「兼業禁止」の就業規則をなくした企業で働くことにより、スタートアップ期には二・三足のわらじを履くことができ、個人としてのリスク分散を図れたこと（将来の不安の解消）などだ。
　今では、旅行業で得た資金をもとに、町の特産である希少柑橘「ゆこう」を活用した「ゆこうチーズケーキ」の生産・販売も行い、旅行業にとらわれない地域ビジネス会社として活躍している。

## 有福振興株式会社（島根県江津市）

　世界遺産・石見銀山に近いとはいえ、長年、地元の湯治場として全国にはあまり知られていなかった島根県江津市の有福温泉。日本海有数の漁港である浜田港に近く、新鮮なノドグロを楽しめる温泉地として筆者は密かに重宝している。
　数軒が肩を寄せ合う小さな温泉地は、時代の流れと共に湯治客が減少。数年前、旅館組合は、見えなくなった将来を自分たち世代では担えないと判断し、若い世代に託すことになった。しかし、温泉地を担った若い世代が行政に行くと「仲間割ればかりで、将来のない温泉地に金をかけるのは無駄」と指摘される始末。途方に暮れた彼らが頼ったのが、地元金融機関だった。
　旅館組合が収益事業を行うために作ってあった株式会社を活用し、協力して自主財源を確保しようと考えた。そのために、4軒の若手が集まり事業計画を練った。空き家を利用し、カフェを作ることにした。さらに、貸切露天風呂が流行っていたので、カフェの上階に貸切露天を作り、旅館で共有することにした。ITリテラシーも宿により格差があったが、ホームページを各宿が一斉に作り、宿泊プランを共同で作ったり、顧客データベースを共有化した。
　深夜、酒も飲まずに何度も議論し、金融機関にかけあった結果、保証協会の支援も取り付け、5千万円の融資を得ることができ、新生・有福振興㈱の船出が決まった。

ところが、カフェの完成間近を迎えた夏、温泉地で大火事が発生した。「もう、だめだ」。目の前で渦巻く火の手に誰もがそう思ったという。

数軒が全焼したが、幸い、有福振興㈱に参加する4軒の旅館とカフェは難を免れた。その後、焼失した旅館跡地には「湯のまち神楽殿」ができ、夜神楽公演が行われている。火事と前後して、行政も温泉地に目を向けてくれるようになり、温泉地の道路や神楽殿の整備が進んだ。そして、有福温泉は、これまで有福温泉には来なかった層で賑わい、再生の第一歩を踏み出した。

しかし、10年間の取組みもむなしく、2017年3月、同社は破産させるを得なくなった。短期的なまちづくりがいかに難しいかを示す事例となってしまったが、同社の目指した理念は生き続けるだろう。

### リスクを追う社会起業家が地域を変える

カミカツーリストの溜本さんはIターン組、有福振興の樋口さんは地元組の違いはあるが、いくつか同じことを語っていた。

「地域再生にはバイタリティが必要。ただし、昔のように『我が、我が』と主張する人がリーダーではうまくいかない。どれだけ自分を殺し、周囲と協業できるかが鍵」「各地の着地型観光がうまくいかないとしたら、誰もリスクを背負っていないから。行政に頼ってばかりでは、観光地は再生しない」「二足、三足のわらじは当たり前。前を向いて頑張れば、周囲も応援してくれるはず」。

彼らはまさに社会起業家だろう。やろうと思えば、国や地域金融が立ち上げた地域ファンドから出資を得ることもできたはずだ。しかし、投資家から出資を得た限りは、利回りを出さなくてはいけない。短期的な利益より、新たな事業を興すことにより地域の雇用を確保し、子供たちが地域外に出ていかずに育つ環境を整える。まずは自分たちが生きていく地域が「存続する」ために最低限のスタートを切った。利回りが出るかどうかはやってみないとわからない。おそらくそう考えた結果、自らが出資し、小さな資本で地域ビジネスを興したのだろう。

おそらく、日本には多くの社会起業家予備軍がいるはずだ。そうした人材を認め、いかに世に出していくかが、これからの地域力だと言える。

## 5. 逆転の発想が「地域おこし」につながる —— NPO法人島の風

### 「観光立村」協議会でのタンカ

　社会起業家には、なかなか破天荒な事業家もいる。沖縄県北部の離島「伊是名島」には、Iターンで移住した一人の男性の起業物語がある。旅行会社とケンカをし、NPOでの報酬はゼロ、逆転の発想がたどり着いたのは、やはり「人づくり」だった。

　伊是名島「島おこし」の主人公は、福岡出身で伊是名島にIターンで移住した納戸義彦さん。本業は、ご夫婦で営む島のダイビングショップだ。慶良間諸島等で働いた後、40歳の頃、伊是名島に移り住み、自らの店を開業する。そして、移住から約10年経った2003年、過疎化に悩む伊是名村が「観光立村宣言」をし、その際、関係者として協議会に呼ばれて参加したことが、「島おこし」のきっかけとなった。

　実は、それまでも観光客は来ていた。その典型は、島で買い物もしていかない修学旅行。旅行会社指定のお土産店で買わせるためだ。そんな姿を垣間見て、島なんて交換可能な「商材」としてしか伝わらないと感じていた。そんな時、「もっとリゾート化に力を入れてもらえれば送客をする」と提案する旅行エージェントに対し「島を変える必要はない」「観光客と一緒に泥棒も入ってくる」とタンカを切り、ケンカとなった。しかし、「理屈ではなく、心で動く」島を作ろうと決心したのもこの時。会議の後、納戸さんの家に集まり始めた若者と議論を交わすようになる。

### NPO島の風の設立

　若者たちに意思を聞くと「島の生活を変えたくない」という。納戸さんは「じゃあ、自分たちが変わるしかない」「変わらないから周りが変えようとするし、変わらなければ外の力で変えられてしまう」と提言。熱しやすく、冷めやすい沖縄人の性格を考慮すればスピードが必要だと、さらに、任意団体では責任が曖昧になるので向かないと、若者たちを理事にして半年後にNPO設立を

県に申請した。設立時の資金はゼロだったが、当時登録していたダイビングショップのサポーター120人から年間5,000円の会費を集め、運転資金とした。そのサポーターのなかにはデザイナーやコピーライターがおり、ボランティアでアドバイスをもらえる副産物のほうが大きかった。「金より人脈が大切」と感じていた通りとなった。

### 偶然から生まれた収益事業

　しかし、作ることを優先してしまったがためにNPOの設立当初の仕事は何もなかった。その間、ミッションづくりに1年かけた。決まったミッションは「『島残し』が『島興し』」。観光を単なる消費活動としてとらえるのではなく、島を残すという理念に賛同する人だけが来る（それ以外は「来るな」と訴える）島を目指すことにした。

　そのころ、日曜大工を趣味とする納戸さんは、趣味で古民家改修の手伝いをしていた。そんなある日、競売にかかった古民家を別荘として落札した新潟県のオーナーが、納戸さんの手がけた古民家を見て納戸さんに改装を依頼。そこでピンときた納戸さんは、「改装は材料費だけでいい。人件費は要らないので、古民家を使わない時に使わせて欲しい」と交渉。家財に50万円ほどかけ、現在の貸し古民家の一軒（がーぺーちん）となった。所有者には10年間の賃貸契約をし、10年で120万円を支払っている。10年後には、資金回収を終えているので、家賃は倍額として支払う契約だ。偶然をチャンスに変えてしまうのも、起業家の嗅覚だろう。

### 古民家事業がキャッシュを生んだ

　古民家事業では、稼働率が約30％で推移している。経費を差し引くと、次の一軒の改装費用（約400万円程度）の半分近い利益（約150万円）が生まれる。加えて、古民家改装に興味のある研修生を集め、古民家再生職人養成カレッジを開催して改装することで、さらに費用の低廉化を図った。そんな工夫や所有者の資金負担などで、2軒目、3軒目と手がけることになる。面白いことをやっていると新聞社が来て取材してくれた結果、パブリシティが信用を生

み、頼まれる機会が増えてきたのだ。現在、クラウドファンディングで資金調達をした4軒目を手がけている。時間をかけ軒数を増やすことで、資金回収は少しずつ早まる。古民家はキャッシュ獲得のために貢献することになった。

古民家では、地域の食堂を活用してもらうために食事は原則として出さない。しかし、地域の女性が調理をしに行く「あんまーきっちん」（あんまーは沖縄で「お母さん」の意味）を企画した。当初、お客さんに島の料理を出すのは恥ずかしい（オードブルを取ってくれるもの）と思っていたため少し抵抗があったが、お客様が褒めてくれることで「地域の誇り」と感じてくれるようになっていった。地域活性化とは「地域自らの力で地域の問題を解決する能力をつけること（地域免疫力の強化）」であり、地元の料理だって、工夫すればもっと売れると考えていた納戸さんはほっと安堵したという。

## 島の雇用を生むために

そんな時、地域に目を向けると、米など農産品の規格外品が流通せずに捨てられてしまう問題があった。そこで、次の事業として、古民家事業のキャッシュを元手に、島産の規格外米を使った「100％米粉麺」の開発を試みたところ、見事に成功。「太陽麺」と名づけ販売を開始した。その他にも、加工の際に出た米糠で漬けた豚肉の「とんとこ」「島の規格外玉ねぎのドレッシング」など、島の雇用を生むための商品開発を開始した。納戸さんは、古民家の次の事業として、雇用を生むための製品開発・加工業に照準を合わせた。

## 株式会社化へ（島おこしを恒久化するための「人づくり」に向けて）

当初、非営利の組織として収益化はしないと申請したNPOにも限界がきた。今後は、政府系金融機関の融資も得て、商品開発した製品を提供するレストラン兼加工場を計画している。そのためには、営利事業を行える法人（株式会社）が必要であることから、㈱島の元気研究所を設立。収益事業はすべて移行し、企画はNPO、生産・販売は株式会社と分業化していった。株式会社は、NPC（Non Profit Company）を標榜し、配当は島に還元している（島民に出資を募った優先株にのみ定額配当を行う）ことにした。そのために、NPO島

の風や納戸さんの一般株の資本比率は50％未満に抑え、優先株（一口5万円を2口まで、計200万円）を募集し、100万円を集めた。

観光は交流事業というが、島の米作農家の時給が159円である等の現実すら教えずに「島人との交流」や「農業体験」を勧めている。そうではなく、現実を教え、自分たちも主体となって切り拓くことができる人材を育てる私塾を作りたい。そして、島おこしを軌道に乗せたい。夢を共有できることで、自信をもって「島に来い」と言うことができる。そんな島を目指し、島の事業にエンジンがかかり始めた。

**納戸さんの声**

「すぐに答えを欲しがり、ビジネス発想のない地元行政の理解力の低さが悩みだった。一方、組織内で腐っている若手に期待できた。行政の方々も、任期

写真3-1　島のおばあと歓談する「NPO法人島の風」理事長の納戸義彦さん（左）

中に終わらせようと考えるのではなく『時間をかけた地域おこし』の意義を理解して欲しい」。

「発地の人が考えている『短期的に量的拡大を目指す着地型観光』は問題。安売りコミッション合戦のチキンレースに乗ってはいけない。着地型観光とは、地元の人が考えなくてはやる意義はない。商品提案型から運動提案型には、偶然も必要だし、理解してもらうのに時間がかかる。時間をかけた地域おこしを通じて、新しい観光を作っていきましょう」。

## 6. オープン・イノベーション（共創）から始まる地域再生

### 図書館のイノベーション

　数年前、佐賀県武雄市の武雄市図書館の全面改装がちょっとしたニュースになった。武雄市では、樋渡市長（当時）が中心となり、新しい図書館運営者として民間事業者（TSUTAYA等を運営するCCC）と契約し、開業時間の延長、貸出対象者の拡大、カフェの併設、ポイントカードの導入等様々なイノベーションを図ったのだ。

　賛否は別として、昨今は「オープン・イノベーション」、つまり、「組織をオープン化し、組織内と外部をアイディアとを取り混ぜ、生活者をも巻き込みながら新しいパラダイムを創造していく（共創ともいう）」革新手法が採られることが増えてきた。武雄市の例はまさしく、これまで行政内で完結していた仕組みをオープンにした「オープン・イノベーション」といえる。

　ただし、オープン・イノベーションの発想をもとにした図書館の革新・再生は、武雄市が第一号ではない。これより早く、長野県小布施町では、2009年に図書館を地域交流の場「まちとしょテラソ」として全面改装・再生を図った。民間のプロデューサーのコンセプトメイクのもと、図書館の運営を町民主体とし、地域交流・生涯学習の場であるとともに、様々なプロジェクト発信の場として、その抜本改革に取り組んだのである。現在では、町民の家をミニ図書館とする「まちじゅう図書館プロジェクト」等も進んでいる。この再生の結

果、来館者数は 5.5 倍に、貸出冊数は 2.4 倍と、飛躍的に向上した。

　これらは、図書館等の個別再生事例であるが、行政が単独で考えるのではなく、オープン・イノベーション（行政と民間、行政と町民の共創）手法を採ったことで、地域再生に広がったといえよう。さらに、武雄市・小布施町いずれも、市町村民の交流はもとより、市町村外（武雄市は全国民）に図書貸出を行うことにより、図書館が観光目的地ともなり得る仕組みを作った。すなわち、新たな観光交流施設を誕生させたというイノベーションでもあった。

## 温泉旅館をビジネス・インキュベーション・オフィスに

　ところ変わり、青森県三沢市の温泉旅館「古牧温泉青森屋」。昭和 40 年代に開発され、広大な公園を中心に 330 室の客室数を誇る県内最大の旅館・古牧温泉グランドホテル（当時）が再生され、現在では星野リゾートが運営を受託している温泉旅館だ。再生の際に採られた方針が「営業施設の絞り込み（供給調整）と個人客へのシフト」だ。供給過剰な客室棟をクローズし、部分的に集中投資をすることにより、再生 3 年目に単年度黒字を計上した。そのコンセプトを「青森文化を体験する宿」として明確化し、宿泊・食事・入浴の機能をそれぞれ分離したことも奏功したことで知られている。

　この古牧温泉で、旅館として開発されなかった施設の再活用を図ろうと、過去に「のれそれ青森ビジネスプランコンテスト」が行われた。これは、施設を管理するアビリタス・ホスピタリティ㈱（東京）が中心となり、行政や地域の大学とも協力しながら、空き施設をコミュニティビジネスの創業期オフィス（ビジネス・インキュベーション・オフィス）として入居事業者の募集を図ったものだ。その結果、入居から 2 年間は賃料無料ということもあって多くの応募があり、空き施設を「常設劇場」として運営したり、従業員や宿泊者向けの「託児所」にしたり、敷地内にハーブ園を作り「ハチミツを製造・販売」したり、新たなビジネスの芽が誕生した。

　それぞれのビジネスは、年間 13 万人訪れる古牧温泉青森屋の来訪客向けに事業展開することにより、スタートアップが図れる。これもまさに「個別施設の再生事業者と地域のアイディアが共創」し、観光客との交流を促進させ、新

たな消費を生む「オープン・イノベーション」である。

## まちづくり会社が運営する「生活アート温泉街」

　山口県下関市にある川棚温泉。古くは湯治場として栄え、今では10軒ほどの宿が肩を寄せ合う小さな温泉街である。一見すると、のどかな田園と里山に囲まれた「どこにでもある町」だが、現在、「生活アートの街」として注目を浴びつつある。

　きっかけは、旧・豊浦町の時代、この温泉には、漂泊の俳人・種田山頭火が長逗留したり、世界的なフランス人ピアニスト、アルフレッド・コルトーが風景美に魅せられ終の棲家とすることを熱望したという「アーティストに好まれる」風土がある点に着目した地域住民が、当時の町長とともに「生活芸術化宣言」をしたことに始まる。その後、コルトーが滞在した旅館の廃業跡地に平屋建ての小さな音楽ホールと民俗資料館（川棚温泉交流センター）を誘致し、温泉街の核として据えた。その際、まちづくりに共感し設計を担ったのが、建築家の隈研吾氏である。

　ホールが完成し、指定管理を受けたのは、旅館や食堂経営者等を含む地域住民が出資して立ち上げた「まちづくり会社」だ。同時に、観光協会の運営も受託し、名実ともに地域を丸ごと運営することになった。会社設立に走り回ったのは地域のワカモノたち（50代までワカモノと言おう）であり、その事務局を担うのは、公募で外部から参加したワカモノたちである。

　これからの観光地を運営していくセクターとして「まちづくり会社」の可能性は大きい。その設立のためのコンセプトは、「オープン・イノベーション」。

写真3-2　隈研吾氏設計の川棚温泉交流センター
音楽ホールや民俗資料館、観光協会、カフェが入居する。

つまり、「地域住民と外部人材との共創」であり、その「共創が観光客との新たな交流軸を作っていく」という共通項がある。

川棚温泉まちづくり会社では、音楽祭や演芸を開催したり、住民イベントを主催したり、生活に根ざしたアートを核として様々な取り組みを始めている。

**オープン・イノベーションの条件**

ここで紹介した地域のイノベーションには、いくつか共通条件がある。

第一は、首長の理解とリーダーシップ。第二には、ファシリティを再生するためのニューマネー。第三は、住民と事業者という両方の立場から調整を図る若き地域コーディネーター。第四は、地域コーディネーターに泥をかぶせないよう部外者という立場で支援するコンセプトメイカー。第五は、最終的に運営を担う専任のプロデューサーたち、だ。

そして、「ひとりの手柄にしないこと」が絶対条件である。あくまで行政と民間が「共創」してビジネスモデルを作り上げ、生活者と観光客の交流もその消費活動の一環として取り入れることで観光とのコラボレーションも図ることができる。

今後、廃れる観光地とは、それぞれの施設・事業者がバラバラに「クローズ（囲い込み）」を目指す観光地だ。図書館は住民だけ、共同湯も住民だけ、旅館は客を外に逃がさず、行政は行政、民間は民間、福祉と観光は別物、農業と観光も別次元、漁協と地元は相容れず。そんな観光地があるとすれば、次第に限界集落化していくだろう。

「競争」から「共創」を合言葉に、地域でオープン・イノベーションを図っていく時代になってきた。

## 7.「滞在」が当たり前の宿 —— 斎藤ホテル

### 現代流湯治宿を創造しよう

　温泉旅館に泊まる時、多くの人は1泊だけで帰ってしまい、2泊以上連泊する利用客はそれほど多くない。その原因は、日本の「休めない休暇制度」や「休まない国民性」にあると言われる。しかし、それは現役の勤労者に向けた話であり、少なくとも、リタイヤしたシニアなら連泊・滞在はできるはずである。

　逆に、温泉旅館側が、滞在客を増やそうと工夫をしていなかったりしていないだろうか。時間的余裕のあるシニアだけでも「連泊したくなる温泉旅館」作りを目指すべきではないだろうか。古くは、日本には「湯治」という文化があった。今でも東北など一部の地域の旅館では湯治宿が残っている。もっとも、湯治宿には「古くて安い宿」のイメージがあるかもしれないが、現代流の湯治を創造することはできないものだろうか。

　実際、長野県の鹿教湯温泉に「1泊で帰る利用客はほとんどいない」「ほとんどが滞在客」という近代的な温泉旅館（平均単価1万円代）があるのでご紹介したい。

### 滞在するほど安くなる「ステイ割引」

　その宿の名は「斎藤ホテル」。伝統的な湯治場だった鹿教湯温泉（上田市）の渓流沿いに建つ鉄筋12階建ての宿だ。斎藤ホテルのすぐ下には、共同湯と橋向こうに薬師観音がある。観音様へと続く狭い湯端通りの両側には、温泉宿が軒を連ねる。温泉宿にはさまれるように木造の「ばんび亭」という食堂があるが、ここが斎藤ホテルの前身、斎藤旅館のもともとの姿だ。今では、若い旅館経営者たちが夜な夜な集い、温泉の将来について語り合う。

　斎藤ホテルのその日の宿泊者が記された日報を見せていただいた。そこには、利用客ごとの「泊数」も記されているのだが、「1/5」「2/5」など、分数式に印字されている。これは「5泊中の1泊目、または2泊目」という意味で、書

かれているほとんどの利用客が連泊。その中でも目立って多いのが「5連泊」なのだ。

その理由は、「ステイ（連泊）割引」という独自の料金プランにある。これは、1泊目は、16,900円～26,000円だが、1泊延びるごとに次の日は10～40％引きになるという仕組みで、5泊まで割引がされるのだ。ちなみに、5泊目は一率7,400円になる（6泊目には1泊目の料金に戻る）。平均すると、5連泊で1泊約12,840～17,200円だ。

利用客は喜んで割引に申し込むが、絶対額だけを見ると、意外に安くないことにもお気づきになることだろう。その代わり、食事は、日々メニューが変わる「カロリー計算されたダイニングビュッフェ」で、おいしい地元の旬の食材が満載。プールやエステ等の施設も充実し、都会客の満足度を満たすには事欠かない。

このステイ割引の効果として、平日でも客室稼働率は休前日並みに高い。その稼働率を支えているのは、滞在してくれるシニア層である。

**斎藤駕籠屋**

しかし、ステイ割引を設定して連泊客の割合が増えていくと、宿泊単価が落ちるというジレンマに陥る。そのため、多くの旅館は連泊割引を設定しない。そのジレンマは、斎藤ホテルも同じだった。

そこで、斎藤ホテルが採った策が「オプショナルツアー（着地型観光）の企画と運営」だ。着地型観光の集客は簡単ではないとよく言われる。しかし、それはいきなり大商圏に打って出た場合である。まずは、地元に泊まっている宿泊者をターゲットとして企画することをお勧めしたい。

斎藤ホテルは旅行業免許を取り、「斎藤駕籠屋」というブランドで「上高地バスツアー」「善光寺参り」「養命酒工場見学」など、宿泊客向けにほぼ毎日日帰りツアーを実施している。斎藤駕籠屋の方針として、たとえ赤字でも1名お客様がいれば催行する。それが信頼感を生み、徐々に参加者が増えていく。その他、なかなか予約が難しいホテルとのコラボレーションツアー等、旅行業らしい宿泊ツアーも企画・実施している。

ツアー実施のため、事業用自動車のワゴン車と中型バスを所有する。バス会社に頼みたいが、参加人数が直前までわからないため、自社運行を原則とし、あくまで近隣のバス会社のバスを使うのは座席が不足した時だけとのこと。緑ナンバー車を取得したことで、「全国どこまでも送迎」も行っているという。

すなわち、宿泊単価が落ちる分、現地発着型日帰りツアーでの補填を目指したのである。

### 温泉地の課題

それでは、斎藤ホテルは順風満帆かと言えば、必ずしもそうではない。最大の悩みは温泉地の疲弊だ。旅館の後継者不足や廃業が重なり、温泉地全体としての集客は右肩下がり。「斎藤ホテル同様、滞在客を狙えばよいのに」と考えるのは部外者の勝手な思いで、経営者にはプライドや独自の考えがある。「同じことができない」のが温泉地なのだ。一軒が栄えても温泉地全体が栄えるとは限らない。

この悩みの中、どうすれば地域全体として最適解を得られるのか。手を組むべきことでは手を組み、独自性を発揮すべきことは自社でやるとして、「手を組むべきこと」は何なのか。夜な夜な鹿教湯温泉の食堂談義は続く。あとは若手に任せるのがよい。

もし、「滞在客が少ない」という温泉地があったとしよう。その場合、まず温泉地全体として「連泊割引」が設定できないか検討してみるとよい。一軒で実施するにはリスクが高い。その上で、地域として「着地型観光」の設定も検討する。その手続きを経てまとまらなければ、やれる旅館だけでも、滞在客創造に向け、進んでいくことをお勧めしたい。

今後は人口が減っていく日本。滞在客の創造なくして、集客は難しい。

## 8. 観光と福祉のコラボレーションへの挑戦
　　　── 住吉浜リゾートパーク

### 障害者がいきいきと働くリゾート

　大分空港から車で20分。国東半島の東側、武家屋敷で有名な杵築市に、別府湾に突き出し、カブトガニの生息地として知られる守江湾とに挟まれた砂嘴があり、その全体がリゾートエリアになっている。そこには、ホテルをはじめ、ゴルフ場やテニスコート、広い芝生のグランド等の多彩なスポーツ施設

写真 3-3　砂嘴をそのままリゾートで使う「住吉浜リゾートパーク」

が点在し、外海には広重の名所図絵にも描かれた白砂青松のビーチが広がる。

　ここは「住吉浜リゾートパーク」。大分県下でこそ知られているが、全国的知名度はまだまだ低い。しかし、全国でも唯一といってよいほどの個性的なリゾートである。

　ある夏、真夏の太陽がきらめく日にリゾートを訪ねた。車で園内に入り、アメリカンミュージックのかかる海の家を過ぎると、沖縄かと見間違うばかりの白い砂浜が広がっている。海水浴をする家族連れやバナナボートに興じる若者たち。ここまではよくあるビーチリゾートの光景だ。その中で、オレンジ色のポロシャツを着た従業員が働いている。すれ違うたびに「こんにちは」と元気のいい挨拶をくれる。住吉浜リゾートパークは、発達障害や知的障害を持つ人たちが主体となっていきいきと働く、日本では希少な就労支援型リゾートなのだ。ただし、そうした表現での宣伝は打っていない。あくまで知る人だけが知っているコンセプトだ。

　就労支援と観光のコラボレーションの成功事例としては、ベトナム中部の町

ホイアンに、障害者の働く工場を併設したアクセサリー店兼カフェ「リーチング・アウト」があり、店にはプロの技術を求めて日々多くの観光客がやってきている。障害を持つからこそ、ひとつのことに集中して取り組める個性と工芸技術を持ち、その製品が世界中の人の心をつかんでいるのだ。障害を持つからといって差別されることなく、その優位性が評価されることは世界的には珍しいことではない。

　しかし、日本ではどうだろう。2016 年、相模原で発生した未曾有の大量殺傷事件でさえ、メディアは記憶の彼方へ追いやろうとしていないか。障害者は触れてはいけないもののように思われていないか。これは、大地震等の被災地でも同じだ。応援のために被災地を訪ねることを勧めるのではなく、旅をしないような風評が流布されていないか。私たちはそうしたムードに騙されることなく、障害の有無にかかわらず人の個性や強みを認めてあげる社会を作り上げていかねばならない。

### 障害者は接客の天才

　「障害者にとって接客は天職です」――住吉浜リゾートパークを運営する社会福祉法人博愛会の釘宮卓司理事長は語る。彼らは、障害を持つからこそ、お客様にまじめに接する特性を持ち、喜んでもらえるまでとことん尽くすという。しかし、「それを売りにする思いはない」と理事長は言う。あくまで、ふつうにお客様に接するなかで、後から気づいてもらえればよいことなのだ。かわいそうだから買うというのではなく、障害者だから多少許して欲しいでもなく、とことん接客のプロを目指している。それは、博愛会の「人の喜ぶ顔を見て喜びなさい」という理念にも表れている。

　ビーチからさらに奥に進むと、錦織圭の才能を見出したというテニス界の神様、ニック・ボロテリーもやってくるカフェや、全天候型のバーベキューサイト、そして瀟洒なマリンホテルが建つ。リゾートは、2011 年に前経営者から博愛会が引き継ぎ、ホテルを全館バリアフリー型に改装した。改装客室のベッドは北海道・南美唄福祉工場の製品を導入。博愛会に経営が移管されてから障害を持つ人を営業・仕入の両面で意識した経営にシフトした。リゾート全体と

しては、年中楽しめるアウトドアパークと言えば済むのだが、それを支える陰のコンセプトが障害者の就労支援なのだ。

従業員は障害者総合福祉法に基づき、就労継続支援Ａ型（適切な支援により就労する人）とＢ型（Ａ型雇用は困難だが現在の状態の維持・向上のための支援を必要としている人）、及びいずれかへの移行を目指す移行支援の３つのタイプに分けられ、それぞれの業務が指定され、支援員の指導を受けながら30人以上が就労している。

例えば、Ａ型の業務は、レストランでの接客や客室のメンテナンス、ベーカリーでのパン製造など健常者と何ら変わらない。Ｂ型は、園内の環境整備や清掃、宴会の準備・片付けなどお客様に接する機会は多くない業務が中心である。

「障害を持つ方をリゾートの現場で支援をしての苦労や喜び」とは何か、野暮な質問だが、支援員の小原崇さん、小妻太一さんに聞いてみた。真っ先に返ってきたのは、「ふつうのリゾートと同じく、収益事業である限り営業目標を達成することが一番大変です」とのこと。笑いながら話を続けると、「彼らはとても素直、いえ、純粋で、つらい経験も多くしています」。そのために「共に重い荷物を持ち、汗を流し、笑い、同じ時間を費やすことで信頼関係を構築し、それが支援になっているに過ぎません」という。

従業員食堂で一緒に食事をしていると、にこにこと園長のもとにやってきて、いろいろな質問をしていく。「なぜ、客室のメンテは２人でやるの？」。園長はやさしく答える。どうしても、障害によっては思い込みや執着が激しくなるので、何度も同じことを説明する根気も求められるそうだが、ふつうの企業より時がゆっくりと過ぎていく錯覚に陥る。彼らのおかげでのんびりとした社風が醸し出されているのだ。

## 元気をもらいにいく

60年代のアメリカンミュージックがかかる海の家の脇にある従業員食堂を出ると、皆さんが修理作業をしていた。施設自体はいささか古い建物が多く、60年代の音楽がちょうど合うといっても過言ではない。

そのためか、主として合宿などの学生団体や福祉団体、企業研修等のグループ客をメインターゲットにしている。個人客の高い期待や要望には効率よく応えられない面もあるためだ。しかし、近年では、かき小屋やいちご園を設置したこともあり、とりわけ冬を中心に外国人の利用が増えている。かき小屋でかきを焼くパフォーマンスも受けているという。海外の利用客の障害者の自立支援に対する理解は高い。

写真 3-4　ベーカリーでパンを焼くのも大切な仕事

　日本で就労支援型リゾートを普及させるには、意識の高い方が泊まりに来るようになり、応援してもらうことが一番だ。大分県知事も毎年来園し応援してくれるという。これをもっと全国に広げ、福祉と観光のコラボレーションを進めることで、地方創生の一助となるに違いない。

　今、宿泊業などの観光産業では人手不足が喫緊の課題となっている。政府が外国人誘致の高い目標を立てても、受入側の人材が不足しているため、稼働率を上げられないという状況に陥りつつある。そのために、旅館業法を改正して空き家や賃貸住宅の一室を解放する、いわゆる（ホームステイではない）「民泊」を進めるという方向に向かっているが、その前にできることはないか。その答えのひとつを住吉浜リゾートパークが示しているような気がする。

　住吉浜リゾートパークでは、視察を兼ねた会議・研修会も受けている。園長の講演や障害を持つ従業員との交流会も可能だ。カラオケや二次会場はないが、たまには海を眺めながらスローライフを満喫できる会議・研修はいかがだろう。

　博愛会では、大分県・久住高原に障害者の働く「日の出食堂」を開業した。この食堂では、地域の高齢化した農家の野菜を買い取り、障害者が調理・サービスをしてくれる。つまり、農業×福祉×観光のコラボレーションを着々と実

践している。

　日常忙しくしている私たちが「元気をもらいにいく」には最高のリゾートが大分県にある。


## 9. 温泉街のイノベーション —— 阿蘇内牧温泉

**外国人だらけの観光地**

　時々、白馬、飛騨高山、有馬温泉など訪日外国人旅行者でにぎわう地方の町を訪ね、様子を観察していると、「数年したら日本の他の観光地もこうなるのだろうなあ」という思いが頭をよぎる。

　例えば、白馬。長野駅からのバスは私と日本人の一組の親子を除き、全て外国人で満席。まるでコンテナのようなスーツケースやスキー板がバスのトランクに押し込まれていく。車内で聞こえてくる談笑ももちろん英語のみだ。

　飛騨高山では、餃子の評判のよい中華料理店に入った。そこは台湾や香港からのお客様で満席。餃子ではなく、「ベジタリアンメニューを提供しているから」と外国人に一番人気で、若女将が英語で語りかけながら忙しそうに走り回っていた。

　有馬温泉も、昨年までは正月明けから春節までの間は最オフシーズンで、旅館もひと休みできる時期だった。それが、うって変わって外国人で満室続き。年間客室稼働率もどの宿も90％を達成しているようだ。

　どの地域の皆さんも「外国人は連泊・滞在してくれるので有難い」と語りつつも、皆喜んでいるかと思えば、あまりの急展開に戸惑っている様子も見えた。

　連日にぎわいを見せる飲食店。白馬では、外国人が冬の間だけのレストランまで出している。こちらの悩みは英語での説明とクレジットカード決済だ。メニューにも英語を加えたし、楽しそうにメニューを選んでくれてはいる。英会話研修で英会話も習得した。それでもやはり、細かなところまで意思が伝わらないこともあるし、英語が通じない国々の人もいる。ベジタリアンも多い。慣

れてきたとはいえ、やはり全ての店が足並みを揃えて「外国人 OK」と言えないところが地域としての課題だ。

そして、旅館の中には少々困惑しているところもある。その理由は「夕食を旅館で食べない」ためだ。一泊のバス団体客なら夕食は付いている。しかし、個人客で連泊客となると2泊目からは「タヌキ」（夕食抜きの隠語）だ。飛騨高山では、海外予約サイトを使い一泊二食で予約してきた宿泊客が、当日になって「夕食はいらない」と言われることもしばしばだという。これは、海外で「夕食付き」という慣習があまりなく、予約サイトにも日本のように細かく食事の有無が書かれていない（注意事項に夕食付きと書かれているのみである）ため、「まさか夕食が付いているとは思わなかった」というのが外国人の本音なのだ。

観光庁のアンケート調査によると訪日外国人観光客の一人当り平均泊数は約6泊。日本人観光客の年間平均2泊の3倍もある。外国人ののべ泊数が日本人を追い抜く日はもう間近に迫っているように思えてならない。しかし、全国的にそうなった時、現在の商習慣やサービスで対応できるだろうか。

## 阿蘇内牧温泉の挑戦

そう思うのは筆者ばかりではない。もうすでに来るべきインバウンドの時代の予感し、町全体をイノベーションしている地域がある。熊本県阿蘇市の阿蘇内牧温泉だ。

阿蘇内牧温泉は、2016年には熊本地震で大きな被害を受けたが、2012年には九州を襲った豪雨災害で床上浸水し、この時も大被害を被った。そうした被害からの復旧をきっかけとして「これからはインバウンドだ」と集客の軸足を変えていった。複数の海外予約サイトに客室を登録。館内のサイン、客室の備品類の案内、献立表やお客様アンケートにも英語表示を施した。現在、阿蘇内牧温泉で検索すると、海外予約サイトでは20軒もの宿がヒットする。

年々外国人客も増えてきたが、地域でリーダーシップを取る旅館「蘇山郷」社長の永田さんによると、平均客数は2.7人、平均泊数は1.42泊と、まだ日本人とそう変わらない。しかし、大きく違う点は、やはり夕食の喫食率だ。なん

と宿泊客の58％が旅館外で夕食を取る。こうなると、無理やり旅館に囲い込むのは難しい。地域の満足度を高め、クチコミで集客するためにも、夕食を食べに出かける地域の商店街と共存する方向に舵を切った。

しかし、外に食べに行った外国人にアンケートを取ると、聞こえてきたのは「どの店で何を食べられるのかわからない」「店の中が見えずに入りづらい」「英語が通じないので注文もできない」「クレジットカードが使えずに不便」という不満の声だった。

そこで、阿蘇観光協会を中心に旅館協同組合や商店街がタッグを組み、地域内の回遊と消費を促進し、満足度を高め、「ふらっと」来たくなる街をめざして「ふらっと内牧」プロジェクトを開始した。

まず、飲食店の言葉の壁を解消するために、全店のメニューを多言語化。日英中韓仏の5か国語に翻訳し、写真とともに一覧表を作った。そして、全店が網羅された5か国語のホームページを制作、飲食店全店の案内を載せた。店の紹介では、多言語化されたメニューのほか、おすすめメニュー、店を360度回転して見渡せる画像、雰囲気のわかるPR動画、スマホナビ機能の付いたマップを掲載。事前に、そして滞在中に、パソコンで、スマホで閲覧・検索できるようにした。

さらに、歩いて店をはしごしてもらい、かつ気軽に注文できるようにと、1枚につき1店で、1品1杯が提供される3枚つづりの（3店を巡ることができる）「あるこ～るチケット」を販売した。

旅館の客室には「ルールブック」を設置（スマホでも読むことができる）。居酒屋やスナックの心得が記されている。例えば、スナックの場合、「食事は先に済ませてから」「入店時には人数を伝え」「まずは乾杯用のドリンクを注文」「お店で出してくるおつまみは料金に含まれています」「帰る時はありがとう、の言葉も忘れずに」等、事細かに日本のルールが書かれている。

そのほか、「喫煙のルール」や「チップ」や「タクシーの呼び方」など、このルールブックは、外国人だけではなく、日本人にとっても有難い。

最も苦心したのが、小さな飲食店でのクレジットカード精算だったという。カード会社の加盟店となり精算機をリースすればよいのだが、小規模な店では

割が合わずに現金決済。そんな店でも、最近ではスマホやタブレットさえあれば、カードリーダーを付けてクレジット決済できるアプリが登場した。そこで阿蘇内牧温泉では、早速採用。タブレットがレジ代わりに活躍するようになった。

今後は、日本の地域が元気になるために、外貨を獲得し、地域内を循環させ、元気になっていく。そんな方法もあってよいではないか。そんな掛け声のもと、阿蘇内牧温泉の挑戦は始まった。

これからは、2020年に向け、町全体に公共 wi-fi の導入を目指すことにしているが、その前にすぐにでもできることとして、SIM カードの無料貸し出しを始めた。その購入原資にと、永田さんは現在推し進めている町の計画をまとめ、九州未来アワードでプレゼンして、みごと大賞を受賞。その賞金を SIM カードの購入資金に充てた。前を向き始めると、なにごとも回り始めるものだ。

2020年には多くの外国人が日本にやってくる。しかし、その時に始めていては遅い。今、何ができるのか。迷ったら阿蘇内牧温泉に行ってみるとよいかもしれない。

写真 3-5　スマホでも閲覧できる 5 か国語対応「阿蘇内牧夜のグルメガイド」
http://www.flat-aso.com/

## 10. 地域から宿の灯を消さないために —— 海士町観光協会

### 人手不足が阻む壁

　政府は、訪日外国人旅行者数の目標値を 2030 年に 6,000 万人に引き上げ、地方での宿泊も伸ばすと発表したことは前述した。試算すると、外国人旅行者の数は日本人の成人旅行者に近くなり、今から 15 年後には「平日の新幹線乗客の半数は外国人」となって、ビジネス客と座席を奪い合っているようになるだろう。一方、これまで主役だったシニア客は外国人の半数程度にしかすぎなくなり、超高齢化から長距離移動をしなくなることもあり、地元観光地で見かける程度になる。

　そんな予測の立つ近未来だが、どうしても気になることがある。それは、地方への外国人旅行者数を増やし、平日の新幹線や地方宿泊業の客室稼働率を物理的には高めることは、理屈では可能だが、「地方の人手不足」がその実現を阻むように思えてならないことだ。

　旅館業に限れば、全国の平均客室稼働率は 37% と低く、まだまだ受入れに余裕があると言われている。しかし、その調査票では「営業日数」の記載欄がないので、この数値は、家族経営の民宿でも 365 日営業していることが前提となっている。

　ただ実際は、家族経営の場合などは半農半宿であることも多く、家族の休日を設ける必要があり、その際の平均営業日数は年間 240 日程度ではないだろうか。それで計算し直すと平均客室稼働率は 50% を超える。それに加えて、食事をする部屋や食事提供にかかる作業の要員確保を考えると、それほど客室稼働を高めることはできないのではないだろうか、という懸念が払しょくできないのである。

　その解決に向けては、「空いている客室」を効率的に埋めていくため、地域を挙げて「宿泊業（家族経営の旅館や民宿）のワークシェア」に取り組む必要があるのではないかと思う。つまり、現在働いている経営者家族や周辺のパートさんだけでは対応できない作業を「別の人たちでフォローする」ということ

だ。例えば、インターネットでの予約管理、SNSでの情報発信、送迎、食事の提供、清掃、建物の管理、受付などである。最近では、都市部での民泊物件に関して、警備保障会社が管理や受付まで受託する例もある。類似したことを地方の宿泊施設でも実施することが訪日外国人 6,000 万人の実現に向けた鍵になるような気がするのだ。

そして、そうした取り組みをすでに実施している町がある。10 年間で 400 人以上もの I ターン者が移住したことで知られる島根県の「海士町（あまちょう）」だ。

## 宿の灯を消さないこと

海士町は、日本海に浮かぶ隠岐諸島のひとつ中ノ島にある。隠岐には 4 つの島に 4 町村があるのだが、海士町だけ唯一宿泊施設数が減少していない。宿が減ると観光客数が減るのは自明であり、宿を減らさないことが宿泊観光客を増やしていく前提となる。そのために町としても、宿を減らさないことを目指している。

最近では、国内での客室数を確保するために旅館業法を改正し、自宅を解放して宿泊施設とする「民泊」の解禁が進もうとしているが、民家では一軒あたりの客室数が少なく、受入数も限られる。そのためには「既存の旅館・民宿の灯を消さないこと」が今後の観光政策にとって最も重要な観点なのだ。ただ、それが地域では意外に認識されていない。

ただでさえ、旅館・民宿業は労働集約性が高く「3K」職場と言われることが少なくない。収益性も高くないせいか、後継者も育ちにくい。建物に対する規制も多く、メンテナンスが不充分だったり、老朽化が進むと客離れが起き、「廃業」の二文字が頭をよぎる、とてもナーバスな産業だ。行政は、経営者講座を主催したり、販促の支援をしてくれたりするが、多くの宿が欲しいのは、そうした間接的な支援ではなく、直接的な支援であるのが本音だ。しかし、行政はそこまでやることには二の足を踏んでいる、というのが現状である。

しかし、海士町では、観光協会が主体となり、宿の営業支援のみならず、清掃要員の人材派遣や、リネン類のランドリー業務の一括受注をしている。宿の灯を消さないために宿の直接的支援をする。海士町観光協会は、宿泊業の総合

サポート業となっているのだ。

## 町の人材派遣業

　海士町観光協会は、その多くのメンバーがIターン者で構成されている。そのためか、年齢構成はとても若い。地域で観光客を迎えるにあたって必要になるのは「ヨソモノやワカモノの視点」。そのメッセージを遠慮なく地元の人に伝えていけることも大切だ。そのためには、ある程度親しくならなくてはならない。

　移住してきた若者とはいえ、「定住した」からこそそれが可能となった。これが、観光振興のために、まず定住策を先行させる「海士町方式」だ。

　彼らの目に映ったのは、地域の民宿の魅力と同時に、清潔感や整理整頓面での課題だ。経営者家族が客と同じ風呂を使うために浴室にはシャンプーが雑然と置かれ、トイレは男女共用、館内には余計な私物があちこちに置かれている。寝具類も小さな洗濯機で洗っているためにボロボロ…。そうした点を改善し、気持ちよく観光客に過ごしてもらおうと課題を指摘し改善を説いた。

　しかし、返ってきたのは、家族経営ゆえの人手不足や、島にクリーニング店がないという課題。どうすればそれが解決できるかと検討した結果、彼らが出した答は「自分たちが手伝えばよい」だった。

　「島宿」プロジェクトと称し、民宿の品質向上をめざしてコンサルティングを開始。一定基準を満たした宿には「島宿」の冠をつけ、推奨販売をすることとした。

　そのために観光協会の職員が、口で言うだけではなく、日々民宿を巡回し、清掃や整理整頓、時には改装を手伝った。そして、クリーニングに関しては、ランドリー設備を新設し、民宿向けに島のクリーニング店を開業した。

　このほかにも、観光協会は職員を有償で派遣する「特定人材派遣業」を取得。今では、宿の実務支援だけではなく、「島のマルチワーカー」として観光ガイド、岩がきの出荷、食品加工場のヘルプなど、季節ごとの需要に応じて町の様々な業務支援を行っている。

　現在、地域の観光をマネジメントするDMOの設立が各地で検討されてい

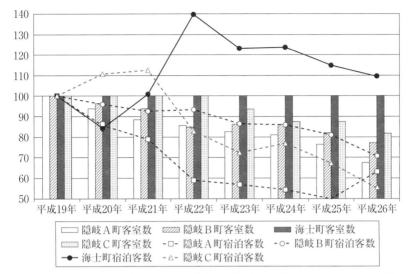

図3-3 隠岐4島の宿泊客室数と宿泊客数の推移（平成19年を100とした時）
出所：海士町観光協会資料をもとに筆者加工

るが、こうした直接的な人的支援を行う役割を担うことも、今後の地域観光セクターにおいて検討を要することかと思う。

海士町観光協会では、島宿や島のマルチワーカーに関する視察も受け入れてくれると思うので、ぜひ発想の転換のためにも一度、隠岐を訪ねることもお勧めしたい。その際は、ぜひ「島宿」に泊まってきてほしい。訪日外国人が泊まりたいのは、こうした宿であることがわかるはずだ。

## 11. 持続可能な地域づくりとは──海士町「島会議」

### 海士町の「島会議」

海士町で、先日「観光協会の挑戦」というテーマで観光関係者向けの「島会議」が開催された。島会議とは、海士町で地域に関する特定のテーマについて議論し、飲みあかしながら語る会で、これまでに13回、定住や教育等地域に

関わるテーマでのべ1,000人以上の人たちが参加してきた。今回のテーマは「観光」。観光庁や地域経済活性化支援機構（REVIC）等の観光関連組織や島根県をはじめ全国の観光協会の担当者が100名以上集まった。それだけ、海士町の取組みから学び、変わるきっかけを見つけようとしている地域が多いことがかがえる。

今回は、「観光協会はどうすれば収益事業を行う組織になり得るか」という論点が設定されていたこともあり、筆者も興味を持ち参加してきた。観光協会が収益事業を行う点に関しては海士町もその先駆者として知られている。海士町は、人口減少で財政危機に瀕していたが、風土の違う周囲の島々との合併を回避して自立の道を選び、民間出身の町長が指揮を執り町の特別職や職員の給与カット等の徹底した行財政改革を行った。そうした「地域再生」の面では知らない人がいないほど知られた町でもある。

しかし、学ぶ側としての問題は、海士町での様々な改革や取組みが「海士町だからできるのだ」という言い訳で終わってしまう点だった。「あんなにすばらしい町長がいれば」「行財政改革ができれば」「10年間で400人以上ものIターン者がいれば」と、「だから、ウチではできない」と帰結してしまうことが多かった。いわゆる「たられば」は先進地事例を紹介しても往々にしてよくある反応ではあるが、やはり今回の参加者も同じように感じるのか、もしそうだとしたらその差は何なのかを探ろうと思ったこともの目的のひとつだった。

### 潜在的Iターン者を作る

海士町は、財政を立て直したことで脚光を浴びがちだが、再生の隠れたポイントは「教育」面での取組みだった。生徒数の減少で廃校危機にあった隠岐島前高校に「島留学」制度を導入し、寮生活を送る本土からの留学生を受け入れた。合わせて、地域の人たちを先生に地域を学ぶ地域創造コースを作った。さらに、受験に向けた勉強もしなくてはいけないと町営学習塾まで開設。これらを現場でオペレートしたのは、ソニーを辞めて隠岐にIターンした岩本悠さんだ。3年間しかいない校長先生では1・3年目は実質引継ぎで、実質動けるのは1年だけ。たった1年ではこうした改革は難しい。そこで「高校魅力化特命

官」として岩本さんの役割が必要だった。改革ができるのは、ヨソモノ、ワカモノと言われるが、まさにその通り。利害やしがらみに縛られなかったからこそ、隠岐島前高校は素晴らしい進路を誇れる高校になり、若者の減少に歯止めをかけた。

では、なぜ岩本さんは隠岐に来たのか。それは、かつて町内交流事業の講師として来たのがきっかけだった。現在、海士町では、「ワーキング・ツーリズム」と称して、学生インターンシップを通年受け入れている。空き家をシェアハウスとして提供し、その時々で手が足りなくなる島内の現場に送り込む。岩本さんもきっとそれと同様の経験をし、一度は都会の有名企業に就職。そして、戻ってきたのだ。

海士町のインターンシップに参加するのは、頭のよい大学の若者が多い気がする。そのせいか、「所得」という概念を比較的早く理解できていると思う。多くの学生にとって、就職の際にまず興味があるのは「収入」だ。それは「初任給が多い企業」「たくさん給与を与えてくれる会社」等。そして、都会に吸い寄せられていくのだが、そこで実感するのは「高い生活費」だ。その後、給与の割に厳しい業務をこなすうちに、たとえ収入は少なくても、生活費をかけずに「所得」を確保できるとしたら、地方のほうが住みやすいし、子育てもしやすいのではないかと思い始める。「所得」さえ理解できると、若者はいずれ地方を目指す。そのため、海士町のインターンシップでは、新卒で島に来たいという若者だけではなく、長い目で「潜在的Iターン者」を育てている。

### おすそわけの島

しかし、なぜ海士町はインターンシップを通じて多くの「Iターンの定住者」を得ることができたのか。

その理由の第一は、「職場」が用意されていることだ。インターンシップのコーディネートをしているのもIターンの定住者だが、彼らは町が用意した海士町観光協会に就職した。そこで「マルチワーカー」という職に就いている。マルチワーカーは、宿泊業や漁業、酒造業など、繁忙期を迎える島の産業の支援が主業務。春は岩牡蠣の加工場へ、夏は各観光施設（ホテル、飲食店・売店

など）の業務を、秋はイカや海産物の冷凍加工場へ、冬はナマコの加工や日本酒の生産現場へと季節ごとに自らやインターン生を派遣していく。

そして、こうした業務が専業化して、旅行業やクリーニング業、飲食業等を行うようになり、これらが全て観光協会の収益事業になっている。観光といっても「集客」から入るのではなく、「定住」から先に入った。観光客を受け入れるインフラ整備から行ったのが海士町観光協会の収益事業の特徴だ。

一方、職があっても生活環境も大切だ。しかし、都会から来た若者がまず感じること。それは「海士町には何もない」ことだ。コンビニもなければ、スーパーもない。売っているものも決して安くはない。遊ぶ場もなければ、本土までは船で半日もかかる。このことは、島会議に来た参加者も感じたことだろう。

なぜ、若者はそれでも定住するのか。

それは住んでみるとわかる。海士町は、島は大きくないものの、良質な水が湧き米作もできる。自家用の野菜も育てている。定置網にかかった新鮮な魚も手に入る。そうした生産物が自然と住民間で流通するのだ。海士町でよく聞く言葉に「おすそわけ」がある。あるものをいただいたら周辺にもおすそわけする。それをどの家庭も行うことで、どの家庭にも常に何か食べるものがあり、わざわざ買わなくても済むのである。そのため、店は多くないし、本土のイオンまで行く必要もない。そのため、収入が少なくても所得を確保できるのだ。

特に、海士町は県漁協に属していない。隣島は県漁協に所属しているので、境港に揚がる松葉ガニも流通し、ツアー向きの食事を出すことができる。しかし、海士町は自町の定置網にかかる魚介が流通するのみ。その代わり、魚もおすそわけの対象となり、域内循環型経済が成立するのだ。

ひと言で言えば、海士町では「持続可能な定常型経済」が成り立っているのである。それは、鎖国をしていた江戸時代の経済に近い。一方で、多くの地域は、金銭消費を前提としたグローバル成長経済の枠組みのなかで競争せざるを得ない。大げさに言えば、これが「海士町の真似はなかなかできない」と言われる所以ではないだろうか。

そのため、海士町は「大量格安販売のツアー」には向かない。カニもエビも

十分に提供できないためだ。そうではなく、数を追うことなく「価値」と「単価」を追うことを目指している。その結果、島宿マネージャーが支援した民宿の単価は5年間で2,500円も向上した。

### 海士町だからできる理由

生産人口が20年間減り続けた日本。今後、欧米中韓も足並みを揃えて生産人口を減らしていく。もうこれ以上「数」を追う観光は現実的ではなくなってくる。数を追えば、競争でどんどん格安化し、品質は落ち、地域は疲弊する。ところが、多くの地域が「数」を追おうとしている。地域の観光協会が示す目標も「観光客数」ばかりだ。

写真3-6　海士町観光協会の次なる10年
出所：海士町観光協会「島会議」資料をもとに筆者加工

一方、海士町観光協会の目標は、「宿を売る」「人材を流動化する」「離島を売る」の3点だ。宿の灯を守らねば、観光客数は維持できない。そのためには、格安化するのではなく、単価と品質を維持・向上させていくこと。そのために、定住する人材を確保していく。こうした人口減少下でも持続可能な戦略を確立しているのである。

「海士町だからできる」と言われる理由は、海士町にあるのではなく、それぞれの地域に内在するものではないか。もしかしたら人口増加期の成長を求め続ける手法が地方創生をどんどん遅らせているのではないかと参加者は口ぐちに話しつつ、島を後にした。

# 第4章

# 地域宿泊業再生に向けて

## 1. 地域宿泊業の近未来

**グローバルで生きる**

　先日、20人の全国の代表的な旅館経営者グループ「日本味の宿」の皆さんと台湾に営業に行ってきた。彼らは「地産地消をベースに美味を追及する姿勢を持った」小規模宿34軒が地域を超えてボランタリーチェーンを作り、情報交換や協同営業を始めたものだ。「地産地消を…」という会の目的だけを聞けば、おそらく多くの宿でもあてはまるかもしれないが、そこには「全てのお客様に同じ会席料理を出すのではなく、旬や地の食材の価値を伝え、その日ごとに変わる料理にも満足いただけるお客様を自ら集客していこう」という脱・マス・ツーリズムの理念と、「日本人だけではなく、日本料理の精神に共感していただける外国人」を集客しようというグローバルスピリッツが隠れている。

　日本味の宿では、手始めに台湾の大手メディア・旅行業グループと提携し、会の趣旨に見合った富裕層を紹介してもらうことで合意した。そのために、英文ホームページを作り集客を行っている。

　通常、海外営業というと、日本の旅行会社に頼るか、都道府県等の行政単位で行うことが多い。しかし、それでは自社もライバルもごちゃまぜで、アピールできても one of them でしかない。そのため、今後は、直接宿の魅力をアピールできるこうしたボランタリーチェーンでの営業活動が有効になってくるはずだ。日本味の宿のほかにも、「Serect Onsen Japan」という温泉旅館

チェーンも立ち上がり、中国等への営業を仕掛けている。理念・目的さえ外さなければ複数のチェーンに所属してもよいと思う。大切なのは、チェーンの理念や宿のグレードが一貫しているかどうかだ。規模や価格帯も違う単なる経営者の仲良しグループでは売れないだろう。

全国的にはまだこうしたボランタリーチェーンに加盟する宿は多くない。今後、グローバル展開していこうという宿であれば、ボランタリーチェーンの参加や新規設立が急務だと思う。一軒では効率の悪い海外営業をチェーンで行うためである。

## ローカルで生きる

一方で、商圏を拡大するのではなく、地元リピーターを増やし「ローカルに生きる」と考える観光事業者も少なくないはずだ。しかし、こちらのほうが、実は簡単ではない。大胆な経営革新を行わねば、次の世代には生き残れなくなる可能性もある。

その理由は、地方の人口減少が誘発する人件費の上昇（もしくは恒常的な人手不足）のおそれのためだ。人件費を確保するためには、売上、特に、客数よりも、資本を投下して単価を上げていくことが必要だ。しかし、宿泊業は、小規模事業者１万３千社の平均（財務省法人企業統計）ですでに「債務超過」である。

すなわち、過半数が収益不足から新規融資を受けられず、資本投下のできない厳しい状況に置かれている。そのためには、現状の要員・施設で労働生産性を高めていくしか方法はない。

もともと、宿泊業をはじめとする観光サービス業の労働生産性は低く、生産性の高い製造業の後塵を拝してきた。その付加価値を上げることが日本経済において観光サービス業が認められる唯一の方法とされている。

そのためには、いくつか方法があり、政策として検討されている。第一の方策は、訪日外国人の誘客と全国への分散だ。政府が目標とする訪日外国人６千万人を達成するためには、既存有名観光地のホテルが満館になっても客室が足りない。すなわち、訪日客を地方へと分散させなくては実現が不可能であ

る。

　第二には、日本人の観光需要の平準化だ。四季のある日本では、四季が強みにも弱みにもなり、繁閑の差が生まれる。また、なかなか有給休暇で休まない労働環境にあることから、一斉休暇や祝日が多く、曜日での繁閑の差も大きい。これでは、稼働率が高まらず、なかなか生産性を上げることは難しい。むしろ、四季もなく欧米人のバカンスを通年で受け入れているビーチリゾートがうらやましく思える。

　そして第三の方法は、「(訪日外国人以外の) 新たな地域観光需要や新ビジネスを創造する」ことだ。旅館が新業態を生み出すベンチャー企業になることである。

## 新事業を創出

　例えば、今後観光分野で伸びると言われている需要のひとつに「VFR」がある。VFRとは「友人や親類 (Visit Friends and Relatives) 訪問の旅」を指す新語である。帰省等も含まれ、何が新しいのかと思われるかもしれないが、実家に泊まることが前提だったこれまでのVFRと違い、もう少し多様な友人も招き入れる旅が増えてくるだろうと思われている。そこで、実家ではなく、近郊の旅館やゲストハウスに一緒に泊まるような仕組みを地域で作っていく。夕食は実家で、宿泊は旅館でと、「旅館を第二の我が家」とする需要だ。

　あるいは、旅館の客室をサテライトオフィスとして貸し出す需要も創造できるだろう。wifi環境の整備だけは必要だが、こもって仕事をしたい職種やノマド族、あるいは合宿型のプロジェクト会議に受け入れられる可能性がある。貸し会議室大手の㈱ティーケーピーは、宿泊付き会議需要の増加に伴い、会議室の付いたホテルを買収し始めているくらいだ。

　旅館の所有する送迎バスを旅客事業用途に転換し、中型やマイクロバスを中心とした貸切バス事業を興すことも、小さな需要かもしれないが十分にあるだろう。最低3台必要となるが、これも地域で取り組めばできないことはない。石川県白山市で旅館組合が作った㈱ホワイトリングは、すでに冬のオフ期の旅館の労働力を貸切バス事業に振り向け、金沢・高山間の観光バス事業を1年

目にして確立した。今後は、旅館のバス事業が地域のコミュニティバスを代替することも視野に入れていくこともできると思っている。

どの新事業もしっくりこない、と思われるのであれば、75歳以上マーケットに特化することだ。これから15年、75歳以上の人口のみ伸びていく。

ただし、その場合でも、料理の抜本的見直しも必要だろう。ボリュームはさすがに多過ぎる。また、平日が埋まる分、宿泊単価が下がることも考慮しておくべきだ。さらには、認知症をはじめ、様々な疾病や未病、介護に関する知識やノウハウの吸収も求められてくる。健康を維持するための付加価値として、シニア向けのスパ（トリートメント）、連泊しての様々なアクティビティ（ヨガ、水中歩行、写真・絵画等の趣味）を充実させるのもよい。その際、セラピストや講師となるのは、旅館の社員だ。労働生産性を伸ばすには、一人ひとりの能力を伸ばし、活用していくことが必要になってくる。そのために、能力開発の機会を増やすサポート事業の開発もできるだろう。このあたりは地域の専門学校と提携してもよい。

宿泊業の近未来を考えれば、無限に可能性が生まれてくる。こうした新事業を既存事業者が計画できないのであれば、異業種が旅館の買収をしかけにくるかもしれない。それだけ、地域には宝の山が眠っているのだ。

## 2. 装置産業への脱皮に向けて

### 労働生産性を高める

日本のGDPの7割を占めるサービス業の労働生産性の向上が課題となっている。

$$労働生産性（従業員一人当り付加価値）= \frac{営業純益＋人件費＋賃倍料＋減価償却費＋租税公課＋支払利息}{従業員数}$$

その中でも、特に「宿泊業・飲食業」が名指しされ、政府の「サービス産

業チャレンジ・プログラム」の対象となり、業界を挙げた生産性向上が求められている。そのため、観光庁では、国立大学と共催で旅館業向け生産性向上セミナー等を開催したりして、その向上を目指そうとしている。各地方自治体でも、旅館業・飲食業の生産性向上のための、ムラ・ムダのないオペレーションやマルチタスクに関するセミナー開催が増えているようだ。

ただ、現段階では、まだ国（マクロ）と現場（ミクロ）の間のギャップが大きすぎ、労働生産性を上げるといっても、人材不足に陥っている現場で、下手をすると従業員に負荷をかけ、一層人材不足に陥るというワナにはまるおそれもあるので注意が必要だ。

宿泊業の生産性向上のプロで、様々なセミナー講師を務めるサービス産業革新推進機構代表理事の内藤耕氏は、「あくまで労働生産性は同一企業内での改善が主眼」と語っており、その通りだと思う。国家間で比べて、他の先進国に比べて高い、低いというのは、参考にするまでならよいが、それを数値目標とするには、サービス形態やその時々の経済環境が違い過ぎると思う。筆者は、労働生産性を高めることには大賛成だが、企業がやるべきことと並行して、国や行政が支援すべきことをきちんと分担して進めていくことが、生産性向上の大前提だろう。

### 生産性が低い理由

その一方で、労働生産性の調査に関しても精査が必要だと感じている。

労働生産性に関して統計として用いられることの多い経済産業省「企業活動基本調査」だが、従業員50人以下の企業をカバーしていない上、「宿泊業・飲食サービス業」に関して詳しく調べると「飲食店」と「持ち帰り・配達飲食サービス業」のみが集計対象とされ、宿泊業は対象とされていない。これで小規模事業者の多い宿泊業・飲食業を評価してよいものだろうか。

そのため、財務省「法人企業統計」や厚生労働省「毎月勤労統計調査」等の他データを参考として業界別労働生産性（人時生産性）を推計する必要がある。そこで、調べてみたのが図4-1である。確かに宿泊業と飲食業の労働生産性は近い数値となっており、産業全体としていずれもほぼ同額の「約2,600円／人

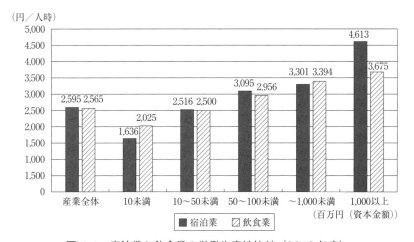

図 4-1　宿泊業と飲食業の労働生産性比較（2013年度）
出所：財務省「法人企業統計」や厚生労働省「毎月勤労統計調査」をもとに筆者作成

時」であり、一般的な大企業（小売業・サービス業等の大企業はおよそ4～5千円程度）からみると低い。1時間に1人あたり2,600円の付加価値しか稼げていないことになる。

しかし、旅館の人たちに「パートタイム従業者」の人数について、従業員の頭数を記入するのではなく、「正社員の就業時間で換算し、換算値を四捨五入して整数記入」しているか聞くと「頭数を書いている」と答える人が多い。これでは、変形時間労働制を敷き、多人数のパートタイムが細切れ勤務する産業の労働生産性は低く出てしまう。もしかしたら、そうしたことも「日本の労働生産性の低い理由」のひとつではないかと想定している。

また、グラフでは、とりわけ宿泊業全体の60%を占める「資本金1千万円未満の小規模事業者」の生産性が低く、産業全体の足を引っ張っている。これは「客室稼働率の低さ」が主要因であろう。家族経営の多い日本の旅館業の平均客室稼働率37%と低く、これでは生産性は低くなって当然だ。

では、「なぜ稼働率を上げられないのか」という答えのひとつは「人手がない」ためだ。人手がないので「宿泊を受けられない。新規営業も難しいし、休館も多い。営業したいのはやまやまだけど、家族経営だと簡単ではない」のが

実情だ。

　この声の対策を練ることこそが、生産性向上への第一歩となるのではないかと思う。

## 地方の報酬を上げる

　そんな声が聞こえてくる地方の観光地と裏腹に、東京や京都・大阪といった大都市では訪日外国人の増加が底上げに貢献し、ホテルの客室稼働率が月によっては90％を超え、客室不足だと言われている。「都市活況、地方閑散」。そんな現状では、労働生産性はなかなか上がらないだろう。人や資本が都市に集中・偏在し過ぎているのだ。

　そのための地方創生なのだろうが、まず、地方に人材を呼び戻すためには、ある程度の報酬が必須だと思う。「田舎では費用もかからないので報酬は低くても大丈夫」という論理は残念ながらもう通じない。これからは、マルチハビテーション（二地域居住）や、都市と地方を行ったり来たりして働くライフスタイルがふつうになってくるからだ。地方で稼いで都市に戻り、都市でシゴかれて地方に戻る。地方はそんな生き方を認めなくてはいけない。そのために、まずは報酬だ。地方の旅館業の給与もきちんと上げなくてはいけない。

## できる理由を考える

　では、当面何を目標とすればよいのだろう。マルチタスクを従業員に要請する前に、そのことを考える機会を与え、皆で思い切った策を考えることが必要だ。マルチタスクは、それを条件に入社した正社員ならまだしも、パート・アルバイトはもとより、そうしたことが入社時に念頭にない従業員には「過重労働」と見なされるおそれもあるためだ。

　例えば、ICTを活用し、たとえ経営者が留守でも、あらかじめ登録された顔と指紋認証で玄関と客室のロックが解除され、素泊まりで宿泊できるような仕組みはできないものか。極論だが、働かずとも収入が得られる「装置産業」として脱皮していかねば、生産性向上はできないと思う。ICTの発展を待つ時間がなければ、「結」の精神と仕組みを復活させ、日によっては一軒の宿に

客を集中させる（いわゆる「振り替え」をする）等の仕組みならできるだろう。すなわち、少ない人数で、多くの客室を動かす仕組みが今必要なのだ。

　食事は不要である。外の店で食べればよい。「外の店は近くにはないし、遅くはやっていない」という声もあるだろう。それなら、遠くで食べてくればよい。「足がない」かもしれない。それなら、タクシーで来ればよい。「それは高い」と言うなら、Uber（ウーバー）に頼めばよい。

　できない理由を考えるのではなく、できる理由を考える。それができないと、日本旅館は皆、大手に買収され、チェーン化が進むだろう。Airbnb 等のシェアリングエコノミーも止めることは難しい。むしろ、おそらく政府は「日本の旅館業にこそ活用して欲しい」と思っているのではないだろうか。たくさんある空室を登録するだけで、平日に素泊まり客が来る。

　政府は、国家戦略として増え続ける訪日外国人の受入れのため、「民泊」推進を後押ししている。旅館業界団体は猛反対しているが、政府はあくまで客室稼働率向上に向かおうとする旅館業には手を差し伸べようとするのではないだろうか。外国人なら平日でも動いてくれる。それを受けよというメッセージなのだと思う。

　しかし、家族経営の小規模な宿には自力での稼働率アップは難しい。周囲のステークホルダー（例えば、海士町のように地域の観光協会）が、直接支援をする必要もあると思う。国、地域、家族経営の事業者が、装置産業としての客室を埋めていくという一つの目標に向かい、知恵と勇気をもって「できる理由」を考えていくしか、時代に生き残る方法はない。地域の皆で考える機会を持つことからまず始めたい。


## 3. 利益重視型「新規参入」旅館のメソッド

### 旅館への異業種参入

　最近、あちこちの観光で収益を上げている宿の多くが「異業種や別地域での経営者など外部資本参入組」であることが多い。旧来からの旅館業はやりたく

とも資本力がない。たとえ資本があったとしても、これまでの経験値がないからこそできる様々な工夫の違いが差をつけてしまうと感じている。

こうした新規参入組はどのような工夫を行っているのか。いくつか、その工夫を示してみたい。誤解なきようにしていただきたいのは、ここでいう新規参入組とは、まったくの異業種ばかりではない。さらに、全ての旅館がこの通りになれば、市場は金太郎飴のようになってしまうのでやり過ぎは逆効果だということも付け加えておきたい。

### 宴会から客室販売へ

これまでのホテル・旅館は、宴会場等のパブリックスペース面積が広めであった。それは、地元の宴席を想定してのことだ。しかし、新規参入組は、宴会場を重視しない。その分、客室数を確保する。地元宴会が存在しない地域はもちろん、地元宴会需要があっても、人手のことを考えると宴会は割に合わない商売になってきているためだ。その分、インターネット等をフル活用して商圏を広げ、オフ期や平日の客室を埋めようとしている。

新規参入組が想定しているのは「人手不足」。今はまだ充足していたとしても、今後、採用が難しくなることを想定し、労働生産性の低い宴会を避け、比較的生産性の高い客室販売に傾斜しようとしている。

### 食事の二回転

旅館にとって、夕食を二回転させる（二回に分けて提供する）ことなど思いもよらないことかもしれない。わざわざクレームを助長させるようなものだからだ。しかし、客室数を確保し、収益性を上げるという目的のため、レストランのスペースを抑え、二回転させる新規参入組が目立ってきた。クレーム回避のためにも工夫がされていて、遅いスタートの組にはラウンジで様々なアペタイザー（前菜）とドリンクをふるまったり、早いスタートの組にはデザートや夜食をラウンジで提供したりする。

また、1～2名の高単価客用には料理人を配置してカウンターを設け、寿司や鉄板焼きなど、付加価値の高い料理を提供している。

## 素泊まり歓迎

なかでも、既存旅館と新規参入組の大きな違いは、夕食欠食客の受入れ積極度である。新規参入組は、週末などは特に、素泊まりや一泊朝食付きの（夕食をとらない）宿泊客を歓迎している。その理由は、客室が満室時の「夕食喫食率」が100％だと、レストランがオーバーフローしてしまうためである。そのほかにも、連泊客を飽きさせないため、あるいは、夜遅い到着客を確保するため、一泊二食制に慣れない外国人を集客するためと営業的見地からも、夕食をとらない多様な客を受けるためもある。

また、これは実際に聞いた話だが、どういう人が「夕食なし」を選択するかというと、意外にも、これまでの旅館の得意客層であるシニア客だそうだ。そのため、「既存旅館では（既存顧客層の夕食欠食希望が増えてしまうため）夕食欠食はできない」と察知し、「新規参入組の独壇場になる」という戦略を立てている。シニア客がなぜ欠食を望むかというと「食べ切れないから」という理由だけではない。「（生魚や川魚など）苦手な食材を食べなくてもよいため」という理由も少なくないそうだ。

## フリードリンクサービス

近年は、旅館でのドリンク消費が落ち続けている。実際、省力化でドリンクの注文にも手がまわらないのが現実もあれば、レストランの回転を速めるために、あまり食事中にドリンクを飲んで欲しくないという事情もある。かといって、食後にバーで一杯やってくれるかといえば、そうはいかず、宿泊客の多くはそそくさと客室に帰ってしまう。

しかし、ここであきらめていては永遠にドリンクの消費は上がらない。また、宿泊客が客室に籠ってばかりだと顧客満足度も上がりにくい。そこで登場するのが「フリードリンクサービス」だ。館内のラウンジやバー、冷蔵庫等のドリンクがすべて無料（宿泊料に込み）というシステムだ（食事中のドリンクは有料）。

このシステムを採ると見かけの単価が上がってしまうというデメリットがあるが、比較的単価の高い旅館の場合、差別化することができる。ハイアッ

トリージェンシー箱根がオープン時から採用し、16〜19時と7〜10時の間、ラウンジでフリードリンクサービスを行い、好評を博している事例がある。このシステムを採ると接客機会も増すため、顧客満足度も上がりやすいという効果もある。

　なかには、飲み放題だと飲み過ぎ客が増えるおそれや、飲料原価が高止まりを心配する経営者もいるだろうが、全ての旅館ができることではないので顧客層はよく判断したい。しかし、今後はこうしたサービスを楽しめる顧客層を取っていきたいものである。

**事業用自動車の所有**

　旅館・ホテルの多くは送迎用のマイクロバスを持ち、近郊の駅等への送迎を行っている。こうした中型バスの需要だが、今後、送迎以外にもぐんと増えてくると思われる。それも、白バスではなく事業用の緑ナンバーとしてだ。

　事業用自動車を登録しようとすると、最低3台の保有や車庫、運行管理責任者の資格が必要になってくるので、そう簡単にはできない。しかし、例えば、近隣エリアで3軒経営したとしよう。そうすると現実味を帯びてくる。

　送迎以外の何に使うかといえば、滞在客用の有料ミニツアー用だ。あるいは、次の宿泊地までの有料観光を行ってもよい。今後、地域の二次交通が縮小し、同時にマイカー利用客が減少していく。その際、地方の旅館はどのように足を確保するつもりだろうか。また、いつまで無料で対応するつもりだろうか。商圏が広がっていく過程で、新規参入組には自社でのバス事業の需要が見えてきている。

**旅行業の登録**

　ミニツアーも宿泊者だけを対象に無料で実施するなら旅行業登録は不要だが、広く不特定多数客を対象として有料で実施すると、それは募集型企画旅行となり、旅行業の登録が必要となってくる。ただし、旅行業だけ取得しても、バスの手仕舞い（受付締切）が早くて前日申込みを受けられないという障壁があるので、滞在客用の前日受付ツアーを実施しようとすると、バスと旅行業を

セットで登録することになることが多いと思う。

　日本では、いわゆる「着地型観光」が流行り、あちこちの自治体が日帰りミニツアーを企画しているが、個人的にはこれでは集客が難しく、収益ベースに載せるのは容易ではないと思う。なぜなら、集客するためには宿泊客をターゲットとして「前日申込み」可能なオプショナルツアーとするか、手仕舞いを数日前のままで売るなら「宿泊予約と同時予約」とする必要があり、いずれにしても宿泊業をからめなくてはいけないのに、からめていないためである。着地型観光を展開するのであれば、必ず地域の宿泊業と協業（もしくは宿泊業が主催）する必要がある。

**客室稼働率の向上と平準化**

　さて、ここまでいくつかの新規参入旅館・ホテルが採りあげがちなメソッドを述べてきたが、これらに共通する目的があるのがおわかりだろうか。それは「客室稼働率の向上と平準化」である。

　一般的に旅館は、地方になればなるほど、また積雪地域になればますます、季節や曜日の繁閑が大きくなるため、平均客室稼働率は高まらない。そのために、単価依存型となり、豪勢な夕食が必須となり、人件費率は高止まりし、利益も向上しない。これまで一貫して、客室稼働率の低さが旅館・ホテル業のアキレス腱になってきた。

　客室稼働率の向上と平準化のためには、オフシーズンや平日にも宿泊客を増やす必要がある。その最大顧客層は、時間に自由のあるシニアであり、子育て後の女性層であり、外国人旅行者である。さらに、滞在客を増やす必要もあるし、商圏を広げることは必須である。そうした顧客層が望む仕組みを導入しているのが新規参入組のメソッドなのだ。

## 4. 変わる温泉旅館

### ローコストイン（LCI）の登場

新規参入旅館のカテゴリーのひとつとして LCI（Low Cost Inn）がある。

LCC（Low Cost Carrier）というと、機材を統一して整備コストを削減したり、サービスの効率化により労務コストを減らすことで低価格を実現している航空会社のことであるが、同様に、様々な商慣習のブレイクスルーを通じて低価格を実現している旅館のことを「LCI」と称し、一時期にメディアがもてはやした。

ハードウェアが劣るために安くなっているのではない。しっかりとした施設にもかかわらず、格安料金を実現し、旅行費用を抑えたい旅行者のみならず、高級車に乗ってくる利用者をも集客している。経営破たんした旅館を買い取り、バイキング旅館を運営している「大江戸温泉」などがそのカテゴリーに入る。

### LCI の事業モデル

表 4-1 は、LCI と一般的な大型旅館の損益（対売上高比率）

表 4-1 LCI の損益計算書の一例（対売上比率）

|  |  | LCI（例） | 一般的な旅館（例） |
|---|---|---|---|
| 売上高 |  | 100.0% | 100.0% |
| 原価 |  | 14.0% | 25.1% |
| 人件費計 |  | 22.6% | 30.3% |
|  | 給与 | 18.0% | 20.8% |
|  | 外注 | 4.1% | 5.8% |
|  | その他 | 0.5% | 3.7% |
| 営業経費計 |  | 12.3% | 13.0% |
|  | 販売手数料 | 1.1% | 7.0% |
|  | 広告宣伝費 | 6.7% | 1.3% |
|  | 消耗品費 | 1.2% | 1.8% |
|  | リネン費 | 1.2% | 1.6% |
|  | その他 | 2.1% | 1.3% |
| 管理経費計 |  | 26.2% | 21.8% |
|  | 水道光熱費 | 9.7% | 7.0% |
|  | 修繕費 | 0.7% | 2.1% |
|  | 備品費 | 1.3% | 1.0% |
|  | 賃借料 | 0.0% | 2.9% |
|  | 通信費 | 0.4% | 0.3% |
|  | バス運行費 | 10.6% | 0.0% |
|  | その他 | 3.5% | 8.5% |
| 減価償却費 |  | 10.6% | 6.1% |
| 償却前営業利益 |  | 24.9% | 9.8% |

出所：LCI 提供資料、日本旅館協会資料をもとに筆者作成

を比較したものである。おわかりのとおり、LCI は「(食材・飲料等の)原価」及び「人件費」(合わせて「FL コスト」という)を抑えることで利益を生み出している。FL コストの差がそのまま償却前営業利益の差になっているのだ。

その他の特徴としては、旅行代理店の販売手数料が少ない代わり、広告宣伝費やバス運行費が多い。新聞広告等で世間に告知し、都市部から送迎バスで宿泊客を運んでいるのだ。LCI は「(旅行代理店を介さない)直接販売」が多い。送迎バスではなくインターネットのリスティング広告に多額の費用を費やして集客につなげている LCI もある。

すなわち、LCI は同じ「旅館」というカテゴリーに属するものの、これまでの旅館とは事業モデルが少々違うのだ。

LCI の強みでもあり、アキレス腱でもあるのは「客室稼働率」。費用の高い交通費を気にせずバスに乗って行ける気軽さが受け(あるいは都市部から近い立地のため)稼働率は 80% 程にもなる。そのため「年間同一料金」が実現でき、ただ安いだけではなく、料金がたいへんわかりやすくできている。その一方で、客室稼働率が下がるとてきめんに営業成績が悪化してしまう。

一方、従来モデルの旅館は、オフシーズンや平日の稼働率が低く、どうしてもオンシーズンや週末勝負になるので、週末料金が高くなる。そして、それなりの単価になってしまうがために、それなりのサービスをしなくてはならなくなる。さらに、そのサービスを維持するために、安くしたい平日まで安くできないという「足かせ」のなかで運営している。そのため、周辺に LCI が参入するとひとたまりもない。旅館とひと口で言っても、客室稼働率が高いか低いかで、まったく違う業態なのである。地域の旅館が同じように稼働率を平準化させられれば、収益向上を果たせ、次の投資を生む資本力につながってくるのだが。

## 低い FL コスト

では、LCI は「FL コスト」をどうやって抑えているのか。

まずは、バイキングである。日本人は、ビュッフェの場合、前菜から順に食べていくという習性があまりない。何はともあれ、寿司とステーキに向かっ

てしまう。そして「早くお腹がいっぱいになってしまう」というトラップにはまってしまい、実は一人前も食べられていない。その結果、コストが抑えられるのだ。あるいは、バイキングではない場合、量を減らした定食を夕食として提供している。

　また、人件費は、仲居や布団敷き業務等を廃止し、様々な複数業務を一人がこなすマルチタスク（チェックアウト後の清掃と布団敷きを同時にこなす、フロント係がチェックインを終えると調理場に入る等）で抑えている。

　さらに「見えないところ」では、食材及び飲料に関して、生鮮食料品を除く一切を一社のベンダーに集中することで調達・配送コストを抑えたり、正社員比率を2割と抑えパート・アルバイト・ワーキングホリデーの学生を多用したりすることで抑制している。新人でも誰でもすぐに対応できるように、オペレーションも徹底して効率化・標準化している。

　いずれも、消費者は「それで満足」しているからこそ、LCIの人気は衰えないのだろう。

## 従来モデルの旅館が生き残るために

　それでは、LCIに対して、従来モデルの旅館がどうしたら生き残れるのか。

　同じように、FLコストを下げていこうと考えるなら、ゆくゆくはLCIになっていく。しかし、それができるのは、LCIは域外や異業種からの参入が多いためだ。地域のしがらみを抱えたままだと、地域から買う食材や、地域から雇用する人件費を安易に下げることには抵抗があるため、なかなかLCIにはなりきれない。

　もし、LCI化せず、地域の食材を使い続け、雇用を守ろうとするなら、コストを下げずに「平日の客室稼働率を高める努力」をするほかはない。例えば、深夜チェックインの「夕食なし需要」を創造する。その前に、料金をホテルのような泊食分離型として夕食料金を明確化する。日帰り需要も取る。地域を超えた複数旅館が連携してボランタリーチェーンを作る。共同商品を作る。連泊商品を作る。着地型観光を育てる。やることはたくさんある。

　すべてがすぐにはできないかもしれない。異地域の同業態や、意思を同じく

する地域の旅館や異業種の方々と連携しなくてはいけないことも多い。長い目線で若い経営者が中長期計画を立てて実行していくのがよい。

おそらく、LCIはまだまだ各地に増えていくことだろう。さらに、既存業態から進化した別の新たな新業態も出てくるだろう。その一方で、変わることのできない旅館の淘汰も進む。

## 5. 旅館は複合業態── ドンブリ勘定からの脱却が改革の第一歩

### 石の猫

LCIの一軒に、全国の有名旅館の経営者の方々と勉強を兼ねて宿泊をしてみた。

従来の旅館が当たり前だと思っていた業務に徹底してクサビを入れ、徹底して効率化したオペレーションで高い営業利益率を稼ぎ出すLCIは、同業者から見てどのように感じるのか。

同宿した旅館経営者の方々は全員が初めての宿泊体験であったせいもあり、

写真4-1　LCIの夕食（バイキング料理を盛り付けた）一例

一様に驚きを隠せなかったようで、「この業態をして同じ旅館と言うことはできない」と口々に語っていた。そこには、ビジネスモデルに感服したという反面、「こんなレベルの（低い）料理は見たことがない」という本音も透けてみえた。

その際、LCIの責任者の方にも話を聞いた。

ローコストインで働く従業員のほとんどが旅館業務経験者だ。そうした経験者曰く、従来の旅館業務は「石の猫」だという。

「石の猫」とは、ヨーロッパに伝わる逸話のことで、神父のかわいがっていた飼い猫がいたずらばかりするので紐でくくって祭壇につないでいた。その

後、その神父がいなくなると、次の神父も同じようにした。猫もいなくなると、次の神父は石の猫を造り、同じようにした。そのうち、石の猫が祭壇に飾られるようになった。しかし、その意味は誰も知らない、というオチがある。

従来型旅館の業務は、「誰もそうする意味がわからないまま、ただ習慣的に続け、面倒だから誰も改善しようとしない」という。さらに、「収益にかかわらず固定給をもらっている従業員はなおのこと、面倒な業務改革で動こうとはしない」と語っていた。

**会席料理**

旅館で変わらない典型が、会席料理ではないだろうか。

LCIでは、団体の場合、料金が3,000円程度アップする。通常の旅館の場合、団体は割引きするのだから、発想は真逆だ。

その理由は、「宴席で料理がお膳となり、その分コストがかかるから」という。団体になると、通常の旅館もLCIも宿泊料金がほぼ拮抗するのだ。

言い換えると、通常の旅館では、「団体向けに会席料理を提供する」ためにコストをかけ、その分、個人向け宿泊料金が高くなっているということだが、本当にそれでよいのだろうか。

会席料理というのは、その名の通り、宴席で提供されるものである。個人の記念日などのお祝いであればよいであろう。しかし、自分のサイフから各自が宿泊料を支払う日常の癒し旅行で、本当に会席料理が必要なのか。

消費者は、経営者のいう「ひどい料理」を本当に「ひどい」と思っているのだろうか。それなら、なぜ、消費者は、通常の旅館を選ばずにLCIに足を向けるのだろう。その点を真摯に受け止め、改革を図っていくことが旅館業に求められているはずだ。

すべてがバイキングになればいいとは決して思わない。旅館で手間ひまをかけて仕込んだ料亭並みの料理の価値を、正しい料金で発信していくことが重要であると訴えたい。

## 元凶はドンブリ勘定

こうした課題に直面したとき、往々にして経営者は調理場に対策を求めようとする。

しかし、調理場は、調理のプロであり、経営システム改善の専門家ではない。あくまで、経営システムの転換は経営者の役割であろう。

常に思うのは、損益計算書上の勘定科目が「室料（客室料）」と「食事料（夕食・朝食）」とに分かれていないことが、発想の転換を妨げているという点だ。

LCIも、高級旅館のグループも、新しい旅館運営会社は、すべからく室料と食事料を分けて管理している。LCIでは、人件費も原価計上しているところもある。つまり、部屋を埋める「営業」と、料理を提供する「調理」とを、まったく別の業務として管理しているのである。

しかし、通常の旅館で「宿泊売上」というと一泊二食の合計であり、室料と食事料とがいっしょくたになっていることが多い。さらに、客室稼働率が高くないので、シーズン・曜日により宿泊単価が上下する。そのため、安い料金で泊まると、料理もそれなりになることがある。

客室と料理をそれぞれ選べればよいのだが、概ね値段の高い客室には高い料理というセットになっている。さらに、休前日には値段が高くなるので、料理を平日より少しよくするということもよくある（逆に言えば平日に料理内容が落ちるとも言えてしまう）。

しっかりした経営のできている旅館は、こうしたドンブリ勘定を改めているが、できていない旅館の元凶は、このあたりの曖昧さに起因する。

## 調理場を客室営業から解放せよ

LCIの中には、カラオケが本業の会社もあり、利用客は、歌いに来たり、温泉に浸かりに来ることを主目的としている。この場合、料理は付帯サービスであって、主役ではない。

LCIに泊まりに行く目的は、実は「仲間と楽しみに来る」ことであり、料理はその道具でしかない。そのため、LCIでは、飲料の持ち込みは自由（飲み放

題の旅館で飲料を持ち込んでくれることほど嬉しいことはない）であり、カラオケボックスの利用もレストランの回転を早めてくれるという理由から無料としている宿もある。

　一方、通常の旅館へ泊まりに行く目的は何なのだろう。

　もともとは「料理」だったのだと思う。「泊まれる料亭」が通常の旅館のもともとのコンセプトだった。そうであれば、記念日や誕生日、同窓会など、徹底して「料亭」同様の営業をすべきであるし、確かにそうしているように見える。

　ただ、「泊まれる料亭」が大型化したため、多くの旅館は「泊まれる料亭」と「仲間や家族で楽しめる和風ホテル」の複合業態になっている。前者は、料理の付加価値で稼ぐ業態であり、後者は客室稼働率で稼ぐ業態で、それだけ管理も複雑になるはずだ。とりわけ、前者と後者とを同時にさばけと言われている調理場には同情せざるを得ない。

　まずは、前者と後者とで食事の原価率を別に考えることを行いたい。

　LCIの料理を「ひどい」と思った旅館経営者の感覚は「泊まれる料亭」のものである。「仲間や家族で楽しむ和風ホテル」の料理はどのようなものがよいのか。もっと多様な感覚を持ち、消費者の立場に立って経営システムを改革することが求められている。

## 6.　日本旅館のFCビジネスは可能か

### 台湾からの誘い

　「旅館のFC（フランチャイザー）をやらないか」。成長著しい台湾でそう声をかけられる機会が二度、三度とある。この背景には、安い土地と安い労働力があることが前提だ。

　「台湾のホテルがやれば」と愚問を返してみるのだが、決まって「日本旅館のブランドと仕組みがなくてはいけない」と言われる。そういう代理人も、FCビジネスの甘い汁を吸おう（もとい、協業しよう）という意思はよくわか

るのだが、日本にあって海外にないものをうまく指摘している。それが「旅館のブランドと仕組み」で、いずれも長い時間をかけて培ってきたものだ。それを輸出し、短期間で台湾に植え付けようという意図である。

同じようなFCビジネスとして、ファストフード、コンビニ、ホテル等がある。しかし、残念ながら、旅館にはブランドはあっても、仕組みを異国で展開するには残念ながら相当応用がいる。まずもって、台湾が欲しい「日本流」の「おもてなし」は、「仕組み」ではないためだ。

## 低人件費率が支えるFCビジネス

FCビジネスの基本を簡単にいえば、そのブランドやオペレーション・システムを提供してもらい人件費（教育研修費を含む）を抑える代わりに、ロイヤリティを支払うというビジネスだ。人件費の抑え方としては、要員数または報酬（あるいはその両方）を増やさないという方法があり、FCビジネスを行うにはその点がシステマティックになっていなくてはいけない。米国生まれのファストフードも、移民や学生といった低報酬の従業員を使い、マニュアルで機械化されたオペレーションで、より質の高い商品を販売していくことにより業容を拡大していった。

その点、東南アジアのリゾートホテルでも同様のことが可能だった。すなわち、かつての宗主国であった欧州の客を相手に、現地の報酬レベルでサービスが提供できたため、FCビジネスが可能であった。もともと、リ・ゾート（re-sort）とは、日常の仕事で疲れ切った心身を再度ソート（整理）しようという、リ・セットやリ・クリエイションとほぼ同じ意味があり、所得格差を前提としてホワイトカラーの欲求を満たす地を示唆していた。

近年、台湾には大陸（中国）の富裕層が押し寄せている。温泉も豊富に湧く。人件費もまだ高くないし、若い労働力もある。そうした地に、旅行で慣れ親しみ、そのおもてなしに触れた日本旅館のサービスを植え付け、富裕層を相手にした台湾流の旅館業を発展させたい。そう考える人たちがいてもおかしくない。

しかし、東南アジアのリゾートと現代の日本旅館ではビジネスモデルが違

う。それは、日本旅館は「人件費率が高い」点だ。
　たしかに、旅館業でも、冬に仕事がなくなる地方から出稼ぎにきていた従業員に支えられた時代もあり、その時代のビジネスモデルはリゾートと似ていたかもしれない。母親のような女将を慕い、住み込みで働き、泊まりにきた旦那さんからチップをもらい、給与はまるまる田舎へ仕送りをした時代だ。当時の給与は「奉仕料」という完全変動費制が多く、客に尽くせば尽くすほど消費してくれ、給与も増えたという時代である。その後、経営者は儲けを建物に投資をして、従業員が働きやすい立派な旅館を造っていった。
　そうした情景は今でも一部に残っているかもしれないが、現代の旅館では、客も従業員も同じ日本人であり、従業員の所得も低くはない。さらに、労働集約的であるために人件費率は高く、経営者は常に経費に頭を悩ませている。
　日本のおもてなしとは、単一国民の島国が、長きにわたり築いてきた「おたがいさま」の感情に裏打ちさたものだ。そのため、異国の従業員からといえども搾取はできない。そういう思いである限り、今の日本旅館に最初から低い人件費率ありきでのビジネスをやれというのは難しいだろう。もし人件費を下げないで済むとすれば、相当「客単価の高い」モデルを作らねばならない。例をあげれば、東南アジアで成功したアマンリゾートのように、日本でも１人あたり一泊室料７～８万円を取らなくてはいけない。そういう旅館を作っていくことができれば、日本旅館のFCビジネスにも可能性が生まれるかもしれない。

### 和食の原点とは

　しかし、一方で、日本旅館も海外進出を選択肢のひとつとしていかねば、人口が減少していく日本だけでは経営できなくなっていく。次の代を見据えて、新たな日本旅館型ビジネスモデルを作っていかねばならない。すなわち、ロイヤリティを捻出するためにコスト構造はスリムにするものの、人件費を確保する「都合のいい」モデルを創造しなくてはけない。そうしたモデルで、将来、海外に打って出ていければ、旅館の可能性も広がっていく。
　では、利益を生むためにどのコストを削るモデルとするか。その第一は「食材原価」である。

というと反論は多いはずだ。かつて「食材偽装」が問題となった際も原価削減の行き過ぎが主要因だった。東京では、逆に原価率を上げるレストランが評判になっている。地域の食材は安くない。原価削減は、時代に逆行すると思われても然るべきだろう。

しかし、旅館の原価が高い理由は食材そのものの値段ではなく、小ロットゆえの手間賃や地元の小売店までの流通コストがそれなりの割合を占めているはずだ。そのため、地域やチェーンで協力して契約栽培や集中仕入れ等ができないものか。バリューチェーンを見直すことでまだ下げる余地は残っていると思える。それができるのであれば、旅館のFCビジネスは可能性がある。

それは、「和食」の改革にもつながってくる。和食は、仕入れ値の変動が大きい旬の食材を使うことが多い。また、下ごしらえや仕込み等の工程が多く、料理人も洋食より分業が進んでいるため、人数もより必要となる。こうした点で、コストがかかる料理である。

しかし、本来、和食とは、茶の湯の場で提供された「茶懐石」がその原点といわれる。「懐石」とは、修行中のひもじさに耐えた禅僧が温石を懐に抱いたという伝承に基づき、質素な料理を意味する。その典型が一汁三菜だ。日本人の知恵と工夫で創られた懐石を原点とする和食（ひいては、茶の湯の世界のおもてなし）とはそもそも、もっと質素なものだったはずだ。

それが、旅館では高原価で殺生を尽くした「赤もの食材」（エビ、カニ、牛肉）にこだわることで原価高となり、懐石の心とも逆行していっている。禅僧になったつもりで（それは家庭料理の延長と思われるかもしれないが）、刺身包丁を捨てる勇気も必要ではないだろうか。そして、少しずつ量を減らそう。日本人は旅館で食べなくとも、もう十分栄養過多に陥っている。クレームを言う客がいるのも承知している。しかし、そうした人には追加料理を支払ってもらえばよい。きちんと説明すれば、ロスを出すよりは理解してくれるのではないかと思う。

こうしたことを実現するために、必要なこと。それは、平日の「商圏と客層の拡大」だ。地味（滋味）な料理より、見た目に華々しい料理が欲しい客層に依存している限り、「会席」からの脱却は難しい（ただし、むしろそちらに特

化するビジネスもある)。

　そこでベンチマークすべきひとつの好例がある。それが高野山だ。弘法大師が開いた高野山は、天上伽藍といわれ、金剛峰寺を中心として山上に宿坊街がひらけ、宿で出される食事は、精進料理。まさに、和食の伝統を守る典型であろう。世界遺産にも指定される高野山には、外国人客がひきもきらずに訪れる。

　そうした懐石や精進料理といった「和食」を支えるのは、日本の農家だ。和食を仕組みにしていくには、複数の旅館や農家でネットワークを組み、契約栽培をしたり、地域の野菜や穀物を保管・加工するシステムが必要となる。福岡の小さな旅館だった「葡萄の樹」グループは、農家から直接農産品を集めて保管する仕組みを作り、全国規模の中食産業になった。

　全国規模である必要はないと思うが、その地域ごとに、和食を支えるネットワークを作り、地産地消を推進していく必要があろう。そうしたシステムができあがれば、海外に展開することもできる。その土地の食と料理をネットワーク化したローカルシステムを独自のノウハウとして展開するのだ。その過程で、米作や酒づくりの技術を移転してもよい。

　グローバル化が進み、外国の農産品が今以上に入ってくる時代にもなることだろう。せっかくのコシヒカリも国産は5割であとは海外産だったという、ブランド米ならぬブレンド米が跋扈する日も遠くない。海外産食材のオンパレードの会席料理でよいのか。それが日本旅館なのか。そう自問をしていくことで、次なるビジネス展開が見えてくるような気がする。農林漁業体験型民宿が生まれたのも、GATTウルグアイラウンドで米の輸入が自由化された後の農家補償がきっかけだった。変化をうまくビジネスに変え、新たな価値を生んでいきたい。そう考えていくと、旅館のFCビジネスは究極の旅館業再生手法にも思えてくる。

## 7. 経営から「料理」の独立を

### 泊食分離会計を目指して

　旅館の特徴は、よい意味でも悪い意味でも、「一泊二食」制だ。

　よい意味で表現すると、一泊二食制とは、料理店でいう「料理長のおまかせ料理」をお得にいただける仕組みである。一方で悪い点は、さんざん述べているが、料金の設定のしかたが曖昧でドンブリ勘定になりやすいという点である。ひと言で言うと（利用者にとっては余計なひと言かもしれないが）とりわけ、ドンブリ勘定により平日には安売りし過ぎており、その安売り価格が標準となってしまっている点だ。

　一泊二食制では、季節や曜日に応じて宿泊料金を変動させるので、売上も客室営業次第で変わってくる。これは、ホテルや航空会社でも採りいれられているプライシング手法なので、これ自体は悪くはない。しかし、問題は、客室を埋めるために「〇〇牛と〇〇がにプラン」等と銘打ち、料理を前面に出して割安な商品で営業を図ることが多いことだ。それでいて単価を下げるために利益率は下がる。

　調理場の思いを代弁すれば、「客室は季節や曜日等、繁閑で価格が変動」するのはわかるが、「料理は原価で変動」するものであって、それを一緒にした一泊二食制では、客室稼働が安定しない限り、高い食材の料理など出せるわけがないと言いたいところではないか。本来、客室等の施設と料理は管理会計上、分離しておくことが理想なのである。

### 「まちじゅうまるごと旅館」構想

　地域再生の理想像として、筆者は「まちじゅうまるごと旅館」がひとつの理想だと思っている。それは、償却が一定程度済んだ旅館群は、調理場を廃し、素泊まり化を図る。一方で、調理場は独立し、地域に自らの店（食堂）を

出す。皆で出資をして小さな旅行会社を作り、そこがミールクーポンを発行して、旅館宿泊者に販売をする。当然、食べに行く先は地域の食堂だ。そこでは、農家から直接仕入れた野菜や地元産品等、地産地消の料理が出る。地域の農業のアンテナショップとしても観光を役立てる。ここでは、客室と料理が完全に独立している。

そのほか、旅館の送迎バスを集めて緑ナンバーの事業用バスに仕立て、旅行会社が借りて、二次交通としてコミュニティバスを運行する。夕食時間には食堂までの足となる。運転手は各宿で手の空いた人を出す。通院やデイサービスに行く地域のお年寄りの足ともして、福祉と観光を一体化する。

旅館の一部には認可保育所を設け、地域で働く若い女性たちの子供を預かることで、若い人たちの定住も促進する。保育士の免許は若女将が取る。地域の子育てと観光も一体化する。旅館再生をきっかけとして、地域再生も同時に行う。

客室と食事の料金を分ける「泊食分離」を行うことで、様々な改革の絵が描けるようになるのだ。

### 旅館の子供料理

旅館の食事を考えるうえで、ひとつの題材となるのが「子供料理」だ。

ここに一枚の写真がある。おいしそうな料理は、ある有名旅館のおよそ一泊二食で15,000円くらいの子供料理である。料理内容は、鶏のから揚げ、刺身、うどん、しゅうまいの蒸し物、フルーツなど全11品。

子供料理は、「小学生以下の子供」が頼むことができるもので、一般的には、ワンプレート料理が多い。しかし、高級旅館になると、子供の料理も豪華になる。11品もの料理が出されたら、子供は喜ぶかもしれないが、果たして食べられるのだろうか、食育上問題はないだろうか、という不安も頭をよぎる。

子供料理は、旅館に子供料金で宿泊する子供に適用される。

子供とは「小学生以下」を指し、子供料金は旅館ごとに決めることができる。子供料金は、客室等に設置されている各旅館の宿泊約款に示すことになっている、その多くは、国際観光ホテル整備法に示された「モデル宿泊約款」を

使っている。その子供料金が、独特のローカルルールなのだ。

　モデル宿泊約款（別表第1の備考2）上での子供料金は、業界用語で「七五三」と呼ばれる。その理由は、大人料金の70％、50％、30％としているためだ。「大人に準じる食事（大人と同じ料理内容から1品程度を抜いたり替えたりしたもの）」の場合は大人一泊二食料金の70％。「子供用食事」を提供した場合は、大人料金の50％。食事を提供せず、寝具のみの場合は30％となっている。すなわち、大人の一泊二食料金が3万円の旅館で、子供用食事を頼んだ場合は大人の50％、一泊二食で15,000円ということになる。

　室料制を採るホテルの場合、食事代は客室料とは別になっているので、子供の場合は好きなものを頼めばよく、その料理代を支払えばよいのでわかりやすい。しかし、一泊二食制を採り、宿泊代金に食事代も含まれてしまっている旅館の場合、少々曖昧だ。子供料理しか食べない小さな子供なのに、大人料金の半額では「少々高い」と感じるケースが多いのではないかと思う。

　そのため、旅館としても、（大人で15,000円も支払えば、それなりの料理が

| 別表第1　宿泊料金等の内訳（第2条第1項及び第12条第1項関係） ||||
|---|---|---|---|
| 宿泊客が支払うべき総額 | 宿泊料金 | ① | 基本宿泊料（室料（及び室料＋朝食等の飲食料）） |
| ^ | ^ | ② | サービス料（①×　　％） |
| ^ | 追加料金 | ③ | 追加飲食（①に含まれるものを除く） |
| ^ | ^ | ④ | サービス料（③×　　％） |
| ^ | 税金 | イ | 消費税 |
| ^ | ^ | ロ | 入湯税（温泉地のみ） |

備考　1　基本宿泊料は　　　に掲示する料金表によります。
　　　2　子供料金は小学生以下に適用し、大人に準じる食事と寝具等を提供したときは大人料金の70％、子供用食事と寝具を提供したときは50％、寝具のみを提供したときは30％をいただきます。
　　　　　寝具及び食事を提供しない幼児については、　　　をいただきます。
　　　　（幼児料金を設定するホテル・旅館に限る。）

写真4-2　「モデル宿泊約款」（国際観光ホテル整備法）

提供されると感じる）利用者の料金感覚に見合った料理を提供しようとするので、往々にして品数の多い豪華な子供料理が作られてしまうというわけだ。

ただし、旅館側からしてみると、実は、子供料理は「割に合わない」。なぜなら、子供料理は大人とは別工程で作らなくてはいけないし、原価もそれなりにかかるためだ。

すなわち、旅館の子供料理とは、誰にも喜ばれない料金構造になっている。

### 子供料金のジレンマ

昔から感じているのだが、旅館では、なぜ子供料金を大人の50％にしなくてはいけなかったのだろう。旅館の一泊二食料金は「客室料（寝具を含む）」と「食事代」から構成されているが、その割合はほぼ5対5。すなわち、大人料金の50％ということは、「食事代は無料と同じ」と考えられないだろうか。そのために、旅館としても「子供は割に合わない」と感じるのだと思う。

その原因は、食事代はもとより、客室料までも大人の50％と換算してしまっていることにある。ホテルでは、ベッドを使えば大人も子供も関係ないのに、なぜ、旅館では、大人と同じ寝具を使う子供を50％に割り引かなくてはいけないのだろう。消防法上、布団を1枚使えば大人も子供も同じ定員1名と数えられるので、子供を受ければ受けるほど、旅館は儲からないことになる。

鉄道やバス等の運輸機関の場合、子供は体の容積も小さく、重量も少ないので、エネルギーコスト上、半額にするのは理にかなっていると思うが、旅館の子供料金はどうも腑に落ちない。ホテルと同じように、客室料と食事代を分け、客室料は大人と同額、子供料理に関しては別途料理代をいただくというような新しい子供料金のシステムにしたほうがよいと思う。大人が一泊二食で3万円だとしたら、例えば、子供は、客室料が大人と同じく（一泊二食料金の五割として）15,000円で、子供用食事は3,000円、といったほうがお得感がないだろうか。そのほうが、旅館も今より3,000円稼げることになる。

なぜ、旅館はどこもおかしいと言わないのだろう。その理由は、おそらく、子供料金を客室料と食事代に分けてしまうと、大人も同じように分けざるを得なくなるためだ。大人に「食事は要らない」と言われてしまうと、売上が落ち

てしまい、旅館の経営は悪化する。そのために、子供も一泊二食から割り引くというシステムを変えられないでいるのだ。

### 新しい料金システムの必要性

しかし、いきなり客室料が大人と同額となると反発も大きいだろう。そのため、子供の宿泊料金は、せめて客室料・食事代ともに「定額制」を採ることを提案したい。食事代・内容は選択式とするのがよい。子供は、成長や個性によってどんな食事を食べるかわからない。そのため、子供料理は選べるようにしたほうがよいと思う。

しかし、選択制にすると今度は調理の手間が増えると言われる。その場合に備え、子供料理は地域共同でキッチンを設け、集中調理して、真空パックを配達・保存するというような手法を採れないものかと思う。

子供は客室料1万円、夕食料理は3千円、とすれば、料理は3千円なのだなと理解でき、決して高いとは思われないと思う。過去に、旅館の勉強会で、参加旅館に自館の子供料理の写真を持参してもらったことがある。その写真をお互いが見て、旅館によって差があることを実感し、「このままではいけない」と思われたはずだ。その原因は、すべて旅館料金の曖昧さにある。

旅館もしっかり稼げることができ、お客様も満足できるシステムを、1軒や2軒ではなく、業界全体で採用していくべきだろう。

## 8. 素泊まりで地域活性化

### 訪日外国人受入れの課題

昨今、国際情勢が少々騒がしくなっている。一方、平和になることで活性化するのが観光産業だ。あらゆる国とのビザを全面解禁し、多くの良識ある人たちが観光でお互いを訪ね、正しい情報を得て交流を深めるようになれば、対立や紛争の抑止力になるのではないだろうか。その国を訪れたこともないのに批判だけするような世相は少し悲しい。

しかし、外国との交流人口を増やすうえで、日本は決定的な課題を残したままでいる。訪日外国人だけではない。多くの日本人の旅を解放するためにも必要なこと。それは、全国の旅館で、ホテルのように「素泊まり」宿泊を可能にすることだ。

素泊まりといえば、そうした客を取る宿は「木賃宿」と呼ばれ、その昔は安宿の代名詞だった。しかし、海外からお客様を迎えたり、日本人シニアの方々に連泊・滞在してもらおうという場合、旅館の料理を毎日食べることに納得してもらえるだろうか。私たちが海外旅行に出かける時、屋台や町の食堂で食事をしたいと思うのと同じように願わないだろうか。

残念ながら、彼らの足はホテルへと向いてしまっていないだろうか。

今後増えていく訪日外国人やシニアの滞在客は平日に泊まってくれる。せめて、平日だけでも一泊二食ではなく、素泊まりでも泊まれるようにしてはどうだろうか。

**平日を埋める策がない**

しかし、「食事を付けなくては単価が下がってしまう」という旅館側の声も大きい。つまり、調理場を持ったまま、食事を食べない人の比率が上がると、収益が落ちてしまう。もちろん、それをカバーして余りある客室稼働率アップができればよいが、なかなかそれも難しいと思われている。

しかし、そう考えているうちに、競争で一泊二食単価はますます下がり、需要は旅館からホテルに向き、旅館の経営難とともに地域は疲弊するという構図になっている。

旅館の平均客室稼働率は50〜60％程度だとしたら、年間約100日の休前日が90％、平日は30〜40％程度だろう。平日を誰でどう埋めるかが、旅館の経営課題になっている。もし、一泊二食制を残したまま、旅館を維持したいというなら、地元の人たちが平日に身近にある旅館を使って欲しい。宴会や家族旅行で、どんどん平日に泊まりに行って欲しい。その時、これまで通りの会席料理で迎えて差し上げたい。それが十分できないのなら、新しい観光客を受け入れる方向に目を向けたほうがいい。

## 実はお得な旅館

　ここで、ホテルや航空会社なら「レベニューマネジメント」といい、単価×稼働率の式にのっとり、稼働率を高めるために単価を操作する。旅館も単価操作をしているのだが、一泊二食表示のままやっているので、おそらく「ものすごくお得になっている」ことが消費者には伝わらない。一泊二食の約50％は食事で、室料見合いは約50％なのだが、食事代は原価に比例するので、シーズンや曜日では変わらない。すなわち、室料見合いで調整しているのだが、例えば、通常18,000円の旅館を12,000円で売ったとしよう。この場合、室料見合いは、9,000円→3,000円と「6,000円（67％）オフ！」と破格になっているのにお気づきになるだろうか。この割引率は、LCC（ローコストキャリア）並みである。もちろん、そうしないために、食事内容（食事原価）を落とし対応することもあるのだろうが、そのこと自体が利用者にきちんと伝わっているかどうかが疑わしい。下手をすると「食事が期待と違った」とクチコミに書かれてしまうのがオチだ。

## 室料できちんと稼げるように

　きちんと食事代と客室料と分けることが第一で、中にはきちんとできている旅館もある。一例を挙げると、村杉温泉（新潟県）の「角屋旅館」。ホームページでも料金のしくみが紹介されているが、きちんと「室料」を割り出しているので、食事なしでも、ひとり旅でも利益が出る仕組みになっている（角屋旅館の場合は夕食・朝食どちらかの欠食のみ）。

　それでは、食事はおろそかかというと、そんなことはない。地産地消の素晴らしい内容だ。

　しかし、料理を押し売りせず、2泊、3泊とした時、地域に出てみたいと思う客もいるだろうという配慮がなされている。それでも「この料理なら、外に出たくない」と思わせることこそ、料理人の腕の見せ所だろう。

　この話題をしていて、よく聞くのが「地域にはラーメン屋くらいしか食べるところがない」という事情だ。しかし、それは情報として旅行者に説明を徹底すればよい。中には餃子チェーン店が旅館を買い、経営している例もある。も

写真 4-3 「角屋旅館」の泊食分離型料金の仕組み
出所：ホームページより

ちろんその宿の夕食は餃子やラーメンだ。旅先では、いつも地産地消の料理や会席料理ではなくてもよいということなのだと思う。

**素泊まりで旅行者を増やす**

　今後、地域振興を図るうえで、必ず「旅館の素泊まり化と、旅館と地域との共存」が話題になると思う。その際、おそれることはない。きちんと「喫食率」を予測できれば、旅館は経営できるはずだ。町に食堂がないことを心配するより、食堂を造ることを考えたほうがいい。訪日外国人や、連泊客、ひとり旅といった新しい客層を平日に取り込み、客室稼働率を上げることがより重要なのである。それにより、鉄道やバスといった地方交通機関の維持にもつながる。

　京都に残る、朝食だけ出す「片泊まり宿」というのも粋だ。夕食は地元の一杯飲み屋で済ませ、ゆっくり起きた朝に朝採れ野菜や新鮮な魚介の朝食をいた

だくなどという宿が何軒もあってもよいと思う。

## 9. 地域ビジネスの拠点としての「新・湯治宿モデル」

### 二極化する温泉旅館

　これまで、北海道から沖縄まで様々な宿に泊まり、多くの経営者と話をしてきた。そのなかでつくづく感じているのが、需要が完全に二極化しているという点だ。単に格差社会が消費に露呈しているだけではない。旅の目的に応じて、消費者が使い分けをしているというのが実感だ。箱根や熱海では、4万円超の露天風呂付きの客室ばかりが売れる。一方で1万円未満のバイキング旅館やゲストハウスが活気を呈している。そのなかで、どちらを志向するかが、旅館の課題となっている。言い換えれば、前者は「誰かを喜ばせるための旅行」が目的であり、後者は「自分たちが楽しむための旅行」が目的であり、機会としては、徐々に後者が増えているのに従い、単価が下がっているというのが現状であろう。そして、その中間帯は苦戦を強いられている。

### 戦後国内旅行の事業モデル

　温泉地の湯治宿が観光旅館になっていった最初のきっかけは、1955（昭和30）年から始まった神武景気だった。朝鮮戦争の特需にわき、製造業を中心として日本経済の高度成長が始まった。以後、少々乱暴な決めつけかもしれないが、25年サイクルで旅館の事業モデルが変遷してきた。15年経つと次のモデルが登場するので、25年間のうち20年間は新旧2つのモデルが併存する。現在は、21世紀になり増えてきた「旅館の二極分化・専門化」モデルが高齢者数の収束とともに終わりを迎え、旅館の中でも比較的資本の大きな企業による旅館のチェーン化や異業種にFC化に向かおうとしている過渡期にあたる。すなわち、「高齢者」で生きてきた旅館は出口をなくし、インバウンドや一人旅を獲得する簡易宿所（ゲストハウス）化していく。またそうした宿は所有と運営が分離し、ゲストハウス運営を専門とする若い人たちが中心の企業が運営を

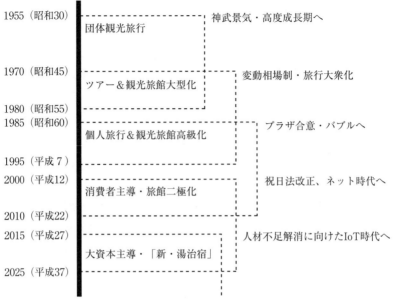

図4-2　旅館の事業モデルの変遷

担うようになると予想している。

　古い時代までさかのぼれば、歓楽型温泉旅館が誕生したのは、1805（文化2）年。困窮した農村のための祈願を大義名分とした伊勢参りが大衆化していた江戸後期、滞在が原則とされた湯治場の箱根湯本温泉が一泊しかしない「講」の客を取っているとして、一泊限りが原則であった宿場の小田原宿にねたまれ、道中奉行に訴えられた、いわゆる「一夜湯治事件」をきっかけとして、幕府が「湯治場でも一泊客も認める」としたことがその発端であった。

　その結果、小田原宿のように飯盛女で繁盛した宿場同様、徐々に湯治場まで遊興化し、温泉地のなかには湯女を置くようになるにつれ、静かな湯治場が遊興の場として姿を変えていくことになる。

## 「新・湯治宿モデル」の登場

　そして今、江戸時代同様、また人口の増えない時代に突入した。次に来るモデルは「新・湯治宿モデル」であり、200年ぶりに江戸時代の湯治場が復活する。それは、二極分化した「小規模高級旅館」と「格安バイキング旅館」のいずれでもなく、その中間帯の旅館が生き残る唯一のモデルであると思っている。

　新・湯治宿モデルは、江戸後期から遊興化した湯治場ではなく、それまで滞在の湯治客を取っていたように、インバウンドやサテライトオフィスに通う滞在客が泊まるようになる。大量販売用の旅館料理からも脱却していく。もちろん、木賃宿のように素泊まりも増える。滞在客にやさしい、連泊しやすい料金形態を持つ。大量一律の旅館料理ではなく、地産地消の旅館ごとの定食式の創作膳や、ベジタリアン向けの精進料理が中心となろう。創作膳には会席料理のように手のかかる「後出し料理」はない。「自分たちが楽しみたい時のなじみ宿」がそのコンセプトだ。

　宿の予約・決済をはじめ、部屋の出入りはスマホで行うのが当たり前の時代になる。フロントはなく、バーカウンターがフロントデスクを兼ねている。

　連泊もあれば、近郊温泉地との「転泊」もある。その昔、草津の酸性泉に入浴し、体をよく殺菌した後、近隣の沢渡温泉の単純温泉に入り肌を整えたという「廻り湯治（渡り湯治）」が多くみられた。すなわち、この頃には、あらためて温泉の効能がもっと知られるようになり、温泉を「転泊」する外国人も目立つようになっていることだろう。

　新・湯治宿モデルは「滞在」「インバウンド」「サテライトオフィス」「連泊・転泊」「泊食分離」「素泊まり」「定食や精進料理」「スマートキー」等がキーワードとなる。

## 地域ビジネスの拠点としての新・湯治宿

　新・湯治宿モデルは、「地域ビジネスの拠点」という社会起業家的存在ともなる。経済成長を前提として利益を上げようと思えば「小規模高級モデル」か「格安バイキングモデル」を取るしかなかった。そうではなく、このモデルは

地域の経済循環のハブとなり、地域のアンテナショップという半公益企業として位置づけられる。旅館業だけではなく、農産物の販売も行う。様々な地域商品の代理店として機能していくことだろう。

まもなく、一時代が終わる。次なるモデルに向けて、新しい旅館モデルの準備をする時期がきた。それは経済成長を前提とした資本主義が徐々に終焉を迎え、シェアリングエコノミー、シビックエコノミーといった定常化した経済への入口の時代ともいえよう。

生産年齢人口の減少とともに、200年の時を超え、同じ人口減少期で定常経済化した江戸時代に見られた湯治宿の文化へと回帰しようとしているのだ。

## 10. 旅館料理に奇跡を

### サン・セバスチャンの奇跡

サッカーや闘牛で有名なスペイン。実は、観光収入のGDP比は日本など足もとにも及ばないくらいに高い、世界有数の観光立国だ。そのスペインの人気を近年押し上げているのは、数々の史跡や聖地、地中海の穏やかな気候に加え、「食」である。

その典型が、フランス国境に近い、スペイン北部バスク地方の人口18万人の中都市「サン・セバスチャン」だ。美食家や世界的な料理人でこの町を知らない人はいない。ミシュランの星付きレストランが10店以上あり、人口比では世界一の「美食の街」となったことから「サン・セバスチャンの奇跡」と言われ、観光客が引きもきらず押し寄せる。

最近、函館をはじめとした日本各地で、「バル街」と銘打ち、定額でまち中のバーや居酒屋を飲み歩くイベントが流行しているが、ハシゴする各店で提供されるのが、ワンドリンクと「ピンチョス」と呼ばれるおつまみ。このピンチョスこそ、サン・セバスチャン発祥の料理だ。もともと小皿で出していたタパスという前菜が進化したもので、パンの切れ端等に料理をピックで突き刺したもので、立食でも気楽につまめることから、スペイン料理の店はもとより様々な

料理店で出されるようになった。今ではさらに進化し、ハンバーガー等のミニチュア料理をはじめ、瞬間冷凍に使う液体窒素や真空調理を駆使して調理する「分子料理」と呼ばれる分野が確立し、新しい食感や奇抜な盛り付け、凝った演出等で世界中の美食家を驚かせている。サン・セバスチャンについては『人口18万人の街がなぜ美食世界一になれたのか』(高城剛著)に詳しく述べられているので一読してみるとよいだろう。

### 元祖は日本料理

しかし、ピンチョスやミニチュア料理の発想は、実は、幕の内弁当や寿司などの日本料理を参考にしている。そのため、バル街のイベントで、日本料理店が「ピンチョスを出して」と言われたとしても、楊枝で突き刺し、いとも簡単に作ってしまうこともできるはずだ。

ただし、問題は、カタチではなく、「提供者側が、食べる側よりも一歩先に進化し、集客につなげているかどうか」だ。

日本料理は茶懐石の伝統に基づき、今でも脈々と懐石料理として受け継がれている。観光地の旅館でも、「懐石」を宴会用の「会席」に進化させながら集客につなげてきた。しかし、現在はどうだろうか。もしかしたら、マンネリに陥り、単なるコストとの闘いに終始してしまっているのではないだろうか。今後は、日本料理の新しい発想とアイディアに満ちた「進化」を誰もが望んでいるはずだ。新・湯治場モデルの旅館では、日本料理の進化系が提供されることになる。

### 旅館料理改革の必要性

もっと進化した料理を出したい「海外や首都圏などからの県外客」を受入れる観光地の旅館において、なかなか料理の「進化」ができないでいるとしたら、大きく三つの理由があると思う。

その第一は、旅館の調理の世界が比較的「閉ざされた世界」である点。地域の調理師会はあるものの、既存技術の移転や体制の維持に重点が置かれ、料理人一人ひとりが新しい発想を取り入れる機会にはなっていない。一方、サン・

セバスチャンでは「料理学会」が作られ、新しい調理技術や発想をお互いに公開する「オープン制」を採っている。日本でも、料理人一人ひとりが参加できる開かれたネットワークを作り、海外や都会の新しい情報や発想、日本料理以外を含めた調理技術の交換を行うことが必要であろう。

スペイン料理ではないが、東京のマンダリンオリエンタルホテルには、分子料理を採り入れ、調理もアトラクションにしてしまったフランス料理店「シグネチャー」がある。まずは、経営者が料理人と供にそうした店に行き、発想の転換をしてみてはどうだろうか。すでに京都の先進的な日本料理人たちは、こうした分子料理の研究はとっくに行っている。必ずしも、分子料理ばかりがよいというわけではないが、全国の旅館料理の料理人たちも世界に乗り遅れずに様々な研究を行い、旅館の料理の進化を誘導していくことはできると思う。

第二は、マンネリ化したオペレーションだ。外資系高級ホテルの代表格であるハイアットホテルだ。世界各地のチェーンの中で最も総消費単価が高いホテルが日本の「ハイアット箱根」だそうだ。ハイアット箱根は、おそらく、浴衣・サンダル掛けで館内を出歩ける世界唯一のハイアットチェーンだろう。ここは「旅館」の「いいとこ取り」をした。すなわち、館内滞留機会を多く、滞在時間を長く設定することで、消費機会を多く生むことに成功した。その典型が「ハッピーアワー」だ。ハッピーアワーとは、通常16〜18時くらいのアイドルタイムのこと。旅館では、この時間はせいぜい温泉に入るか、宿泊客は退屈している時間帯だ。ハイアット箱根では、この時間にラウンジでのフリードリンクを行い、人気を博している。それは、レストランのウェイティングバーの役割も果たし、軽食の売上につなげるとともに、レストランの座席待ちの場にもなっている。しかし、それではレストランのドリンク売上に悪影響を及ぼすだろうという意見もあるだろうが、ドリンクの利益よりも、レストランの回転や前菜の利益を優先した結果だと思う。新・湯治宿型の旅館でも、ラウンジで前菜やデザートを提供する演出や売上機会増を積極的に採り入れていくことになるだろう。

第三は、再三言及している一泊二食制という旅館独特の曖昧な料金制度だ。繁閑で変動する客室料金に料理までもが組み込まれ、宿泊が伸びないと料理ま

で値下げされ、料理の原価に影響してしまう。旅館の割引が常態化する中で、結局は料理内容を下げざるを得ず、宿泊客の期待を外してしまう。調理場としては、よいものは高く売りたいという思いが強く、経営者との意識の差を生む原因になっている。

　これを改善するための一案として、旅館で「追加料理」と呼び、地元の名物料理などを追加で注文を受けるメニューがあるが、それを常設のアラカルトメニュー化してしまうという方法がある。だいたい、料理を「追加」で頼むというのは「宴会時の男性の発想」で、食べきれないくらいのコース料理を出しておいて、いったい誰が頼むのだろう。そうではなく、料理店のようにアラカルトメニューを作り、それを組み合わせても食事として注文できるようにする。その他に「調理長おまかせ、旬のコース料理」も作り割安感を醸し出す。

　コース料理は、割安感があってもきちんと利益の出る価格にし、繁閑で変動する客室料とは別の料金だということを示すのだ。たとえ一泊二食料金で売ったとしても「旅館料理は、価値があるものを割安で食べているのだ」という意識をもってもらえる工夫をしなくては、いつまでも期待を外し続けてしまうおそれをはらんでいる。これには、客室を安く販売する責任を負う営業や予約担当者の理解と共感が必要だ。

　日本には美味しい食材が多い。あっと言わせる旅館料理を創造してみたい。

## 11．ペスクタリアンで地方創生

### 和食を食べたい外国人

　全国を巡っていて感じること。それは、外国人観光客が目立って増えた地方都市や農村と、それ以外の地方の温泉地や農漁村の差が開いていることだ。今まで通りの日本人のシニア観光客に依存してきたエリアでも、徐々にそうしたシニア客のリピーターの足が遠のき、集客に苦慮するようになり、一軒、二軒と宿を畳もうかどうしようかと悩む経営者が後を絶たなくなってきているのが現状だ。

有名観光地で外国人も増えつつあるエリアは国や自治体からの支援も増え、生産性も向上する一方で、ブランドのない農漁村エリアや山間部の温泉などは苦戦し、国内観光地での二極分化が進んでいる。
　こうした市場環境のなかで、妙な「矛盾」を感じることがある。それは、本当なら、外国人観光客は、こうした有名観光地の宿ばかりではなく、外国人観光客のいない農漁村エリアや山間部の温泉宿に泊まりたいのではないのではないかということだ。その理由としては、外国人が食べたいのが日本の郷土性のあふれる家庭料理であり、体験したいのが、垢の付いていない日本の風習や文化ではないかと思うからだ。
　そのせいか、外国人は「旅館に泊まりたい」という希望は多いものの、実際に泊まっている数はそれほどでもなく、ホテルの利用が多い。さらに、一泊二食で予約したものの、豪勢な夕食を放棄して町に食べに出かけるという人も散見される。
　とは言うものの、町に出てお目当ての店があるかというとそうでもない。なぜなら、望んでいる「和食」を出す店がなかなかないためだ。「和食」とは、天ぷらとかしゃぶしゃぶではなく、根菜や魚介を中心とした昔ながらの「和食」のことだと思う。結果として、わかりやすい寿司店ばかりに外国人客は流れていないだろうか。
　残念ながら、日本人の泊まる宿は、パンフレット映えするエビ・カニ・牛肉といった「赤もの」づくしの料理になって久しい。有名観光地だけならまだしも、山の中の温泉でさえだ。とりわけ、昨今の高齢者は牛肉が大好きで、多くの旅館では、シニア客向けに牛肉を定番としている。
　しかし、こうした料理は、外国人が求める料理ではないのだと思う。

### 高山で中華料理

　東京で、外国人のよく集まる有名な一角（横丁）がある。それは、新宿の「思い出横丁」や「ゴールデン街」、渋谷の「のんべい横丁」といった、赤提灯につられたサラリーマンがちょっと一杯飲んで帰る「昔ながらの風情を残す飲み屋街」だ。貧乏サラリーマンの端くれとして、思い出横丁のカウンター居酒

屋にはたまに行くのだが、外国人旅行者を本当によく見かける。おそらく、その鄙びた風情に惹かれるのだろう。

しかし、二・三品頼み、雰囲気を少し味わうだけで、期待した料理ではなかったのか、店じゅうに煙る紫煙に嫌気が差したのか、頼んだ品を全部食べることなく、そそくさと帰って行く人が多い。そういう姿を見るにつけ、「あなたが欲しいものは地方の宿にはあるのにな」と思うことしきりだ。

外国人の人気ナンバーワンと言ってもいい地方都市「高山」。ここで、クチコミサイトで外国人に人気ナンバーワンの店は、餃子が名物の「中華料理店」だ。「なぜ、高山で中華料理」と思う方はぜひ行ってみて欲しい。接客もすばらしいが、ベジタリアン料理を頼めるためでもある。

ベジタリアンやアレルギーだけではなく、小麦等の穀物から作られる食べ物や調味料を摂取しないグルテンフリーの人も増えており、外国人はわがままそうでたいへんだな、と思われるかもしれない。しかし、「あれダメ、これダメ」という食の偏りに関しては、日本人も似た傾向になってきている。それは、世界共通の嗜好の変化や健康志向が背景にある。

## ペスクタリアンに注目

ベジタリアンは世界中で年々増えており、現在は人口の5～10%と言われるようになってきている。

欧米に多いイメージはあるが、数的に一番多いのはインドと中国が含まれるアジアが圧倒的で、日本にも6百万人がいると推計されている。

ベジタリアンにも何タイプかあり、完全菜食主義（ヴィーガン）、肉はダメだが、魚を主に食べる魚菜食主義（ペスクタリアン）、乳製品や卵は食べる乳卵菜食主義（ラクト・オボ・ベジタリアン）、肉は食べるものの、週に1回未満の半菜食主義（セミ・ベジタリアン）の4タイプが主なタイプだ。

調査（日本ヴィーガン＆ベジタリアンリサーチ2015）によると、日本人のベジタリアンの50%がヴィーガンで、次いで多いのがペスクタリアン。ベジタリアン総数の80%は女性とのことだ。

ここで注目したいのが「ペスクタリアン」だ。ペスクとはイタリアやスペ

表 4-2　ベジタリアンの国別比率

| 国名 | ベジタリアン比率／人口比 | ベジタリアン数（人） | 調査年 |
|---|---|---|---|
| インド | 28.8% | 360,576,000 | 2014 |
| イスラエル | 13.0% | 1,046,000 | 2015 |
| イギリス | 12.0% | 7,752,000 | 2014 |
| オーストラリア | 11.2% | 2,100,000 | 2016 |
| オーストリア | 9.0% | 765,000 | 2013 |
| ブラジル | 7.6% | 15,200,000 | 2012 |
| 台湾 | 7.5% | 1,700,000 | 2007 |
| イタリア | 7.1% | 4,246,000 | 2015 |
| 中国 | 5.0% | 68,035,000 | 2013 |
| フランス | 5.0% | 3,300,000 | 2014 |
| 日本 | 4.7% | 5,964,300 | 2014 |
| ロシア | 4.0% | 5,840,000 | 2014 |
| スペイン | 4.0% | 1,788,000 | 2007 |
| カナダ | 4.0% | 1,264,000 | 2009 |
| アメリカ | 3.4% | 10,883,000 | 2015 |

出所："Vegetarianism by country"

イン語で「魚」の意味。魚介と野菜を主食とし、少々の卵と乳製品も口にするが、肉は食べない人たちのことである。ペスクタリアンが注目を浴びるようになったのは、2015年に米国の研究者たちの追跡調査により、ベジタリアンはそうでない人に比べて22%も大腸がんに罹患する率が減少したという論文のなかで、「ペスクタリアン」については43%と、ベジタリアンの中でも突出してリスク回避ができていたことが明らかになったことも大きな理由だ（ハフィントンポスト「魚を食べる菜食者は大腸がんになりにくい」より）。

　注目に値する研究結果だが、「魚と野菜、少々の乳製品と卵」といえば、まさに日本人が食べてきた「和食」の姿そのものではないだろうか。

　和食が注目を浴びるのも、外国人の中の「日本で一番やってみたいこと」が「和食を食べること」になるのも、こうした世界的な健康志向の結果であろう。

　一方で、現代の日本といえば、野菜や魚介の消費量が減少している。そのせ

いかどうかはわからないが、「大腸がん罹患率」の伸びは止まるところを知らず、野菜と魚介の消費の減少と反比例している。たまたまかもしれず、単純に断定はできないが、和食離れも何らかの悪影響をもたらしているとも感じられないこともない（ただし、罹患率は伸びているががん死亡率は近年大きく減少している）。

外国人旅行者は、天然の魚介と地元野菜が食べられる宿や店を探している。しかし、出会うのが、牛肉をウリにした豪華会席料理の旅館と、安い素材と紫煙で気持ち悪くなるような居酒屋ばかりなのだ。もちろん、「日本人が相手なのでしかたないだろう」という意見も少なくないかもしれない。

それならば、せめて「天然の魚介と地元の野菜」を食卓に出すような宿や店の情報を発信して欲しいし、そうした宿や店は、畳むことを考える前に、世界的な需要があることを知って欲しいと思う。ペスクタリアン向けの献立を作ることもそれほど難しくないはずだ。

そうした宿や店は、有名観光地ではなく、誰も知らないような土地にたたず

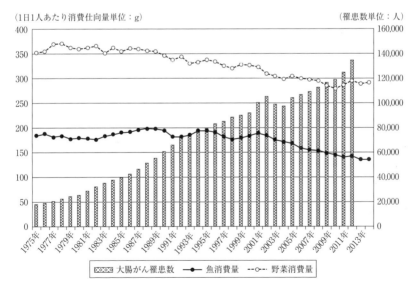

図4-3　反比例する日本人の大腸がん罹患率と魚・野菜の消費量
出所：農林水産省「食料需給表」、国立がん研究センターがん情報サービス「がん登録・統計」をもとに筆者作成

んでいる。気づいた時、外国人が地方の海辺や里山の民宿に押し寄せているかもしれない。

## 12. 注目したい旅館の「朝ごはん」

### 旅先の朝ごはん

　いま、筆者が注目しているのが、旅館など、旅先での「朝食」だ。その背景として、バブル崩壊後の15年の消費を常に作ってきている団塊ジュニア世代も食育を重視する世代になってきたことや、朝食を大切にする海外からの旅行者が増えてきていることがあげられる。旅先での朝食ブームは徐々に盛り上がってきていて、朝食ブームのさきがけだった、新潟県旅館ホテル組合青年部が取り組んでいる「にいがた朝ごはんプロジェクト」も年々評判が高まっているうえ、今年は、山形をはじめ、各地でも取り組みが始まる。都内では「世界の朝食を提供する」専門レストランができたり、「世界一の朝食」を標ぼうする、シドニーのカジュアルレストラン「bills」もよく知られている。

　新・湯治宿では、素泊まりも増えることを想定し、調理場も夕食から朝食中心に思い切ってシフトし、「朝食自慢の宿」が増えてくるだろう。夕食のようにボリュームを出したり、流行りの生クリームたっぷりのハワイアンパンケーキを出したりはしない（あえて出すとしたら、アイキャッチ用に出す）。しかし、良質な素材を出す。良質な干物や味噌汁、漬物は発酵食としても日本の誇る食材である。朝だからフルーツも欲しい。提供時間も長めにして、ブランチもOKにする。複数の輸入シリアルを出しておけば、外国人は喜ぶだろう。少しだけ贅沢な朝食の「時間」ほど非日常さを演出するものはない。

### 旅館「朝食」の原型

　もともと旅館の朝食が誕生したのは、旅館の原型である「旅籠」が誕生した江戸時代。史料によると、東海道の新居宿の旅籠での朝食について、次のように記されている。

朝食、「飯、汁（きざみ大根）、焼物（かれい）、平（八杯豆腐）、猪口（揚豆腐、角大根）」。

飯と汁のほかは、「焼き魚」と「煮豆腐」の二品に、小さな猪口に盛られた「おかず」の三皿で、いわゆる「一汁三菜」である。貧しい時代だったために、豆腐と大根しか使われていないが、このころに旅館の朝食の原型が生まれたと言ってよい。

筆者は、今でもこれでよいと思う。うまい朝食を出す宿として知る人ぞ知る、有馬温泉（兵庫県）「ホテル花小宿」の朝食は、一汁三菜に近い。かまど炊きの「有機米ご飯」「味噌汁」、オープンキッチンの炭火で焼かれた「季節の干物」「冷奴に鰹節」「自家製漬物各種」「温泉卵」。一品ごとに生産者を吟味して調理しており、わざわざこの朝食を食べに訪れるリピーターも多い。朝食の原点を感じたいと考えたとき、訪ねてみるとよい。

ちなみに、日本一と言われ有名な温泉旅館である和倉温泉（石川県）「加賀屋」の朝食は、さぞ豪華かと思いきや、皿数は多いものの、飯・汁＋「まごはやさしい」の「一汁七菜」という。ま（豆）ご（胡麻）は（海藻）や（野菜）さ（魚）し（茸）い（芋）品々を使ったおかずを七つの小皿に分け提供している。おそらく、夕食の十分の一程度の原価だと思う。旅館の朝食は、むやみやたらに刺身や創作料理を出したり、奇抜に走ることなく、基本に忠実である点は現代でも変わらない。

## 「朝食」を売るために

今後、朝食を売るために欲しいのが、インパクトのある写真だ。

例えば、地元の米を使った朝ごはんを売るために、「Rice field（田んぼ）」でのピクニック朝食をやろう。イメージは、以前、高知県で実施されていた「はた博」ポスターのような感じだ。

こんなことをするなんて、保健所の問題、輸送の問題、手間の問題。できない理由はいくらでもある。しかし、それを言っている限り、よいものがいつまで経っても「伝わらない」。

朝食を売るために、その品質だけではなく、非日常感をガツンと伝える

「絵」が必要なのだ。東京で六本木農園を経営し、各地の地域活性化支援を行う古田秘馬さんが、日本各地で実施している「にっぽんトラベルレストラン」がそれに近い。

加えて、テーブルの上（あるいはピクニックボックス）の献立にも、食欲を増すような「カラフルさ」が多少欲しい。

筆者が尊敬する齋藤章雄さん（都内で日本食「しち十二候」を経営）から教わったのが、季節の地野菜の「すり流し」だ。例えば、冬野菜のネギなら、さっと熱を加えた後、青い部分と白い部分を別々にミキサーにかけ、漉してから出汁を加えてスープ状にする。それをグラスに入れて出す。白いスープを先に注ぎ、その上から青い部分を注ぐと色が二重になり、ネギのように見える。ネギ、にんじん、キャベツ等など。色とりどりの和風のスープはおいしいうえに、カラフルで絵になる。

日本の朝食を世界に売るために、「一枚のインパクトのある写真」ができれば、きっとそれが一人歩きしてくれるだろう。

写真 4-4　イメージとして秀逸な「はた博（地域博覧会）」のポスター写真

### 朝食ツアーを作ろう

朝食を「絵」にできたら、次はツアーを作ろう。高知市の老舗旅館「城西館」が実施しているオプショナル朝食ツアー「朝げと市場体験」では、高知中央卸売市場まで出かけ、市場を案内していただいた後、市場の食材を使って市場内で朝食をいただく。

お客様は、市場までの足代を自分で払い、2千円少々のツアー代金を支払ってまで、市場の「朝ごはん」を食べに行く。

写真 4-5　城西館・とさ恋ツアー「朝げと市場体験」にて

こうした市場と協業したツアーは全国各地で取り組みが始まりかけている。市場とコネクションを作れるのは地元人脈があってこそ。総消費単価アップを図るうえでも、ひとつのアイディアではないかと思う。

和食が世界無形文化遺産に登録された。円安もあり、訪日外国人がどんどん増えている。日本人も飽食の時代を経て、成熟した食生活を送るようになってきている。新・湯治宿の時代に向けて、これまでの経験もふまえながら、旅先の「朝ごはん」を盛り上げていきたい。

# 第5章
# 最重要課題は人材育成

## 1. 地方観光業の人材確保に向けて

**人が足りない！**

　「アルバイトでも、外国人でもいいから来てほしい。人が足りない！」。地方の旅館経営者から悲鳴にも近い声が聞こえてくる。
　地方旅館ばかりではない。都内の有名外資系高級ホテルでも経験者採用の募集を出しても応募はない。しかたなく、育成費用はかかるが、新卒学生の採用を例年の倍以上とすることを決めた。
　6月に始まる大学3年生向けの就職情報サイト。その皮切りとなるのが夏のインターンシップ情報だが、「ホテル」で企業検索をすると、全国の有名旅館・ホテルのインターンシップ募集広告がずらりと並ぶ。広告料金は安くはないはずだが、昨年と比べても今年はとても増えた。
　こうした状況からも、観光産業では人材確保がひっ迫しかけていることがわかる。おそらく今後も何もしなければ人材は他業界に流出し、地方観光産業に関しては未曾有の人材不足時代がやってくると予想している。
　それを見越してか、政府は、「観光立国実現に向けたアクション・プログラム」で、「今後、内外から観光客を呼び込み、2020年には観光産業で40万人の新規雇用を生み出す」としているが、具体的にどのような手を打つのだろう。むしろ順序としては「内外から観光客を呼び込むためにも、新規雇用を生み出す新たな仕組みづくりを行う」ことが先ではないだろうか。消費が増えた

から雇用が増えるというほど現状は甘くないと思う。東京でさえ、経験者を募集しても応募がないのだ。地方のサービス業の生産性を上げることも必要だが、それは人材が確保できたうえでの話だ。

そこで、人材確保に向けた新たな仕組みをいくつか提案したい。

## 「インターンシップ」の功罪

2014年から大学生の就職活動のルール（経団連のガイドライン）が変わり、面接解禁が4年生の4月から6月へと、2か月後ろ倒しになった。学業に専念できるようにとの趣旨だが、人材採用の現場の実態や大学の事情を知らないとはまさにこのことで、後ろ倒しになるどころか、短期間で採用活動のできない企業は3年生の夏休みに「インターンシップ（就業体験）」を計画して、優秀な学生をつなぎ止めておく「チェリーピッキング」を目論むようになり、就職活動は事実上1年以上と長引く結果となった。同時に、大学側もキャリア教育の一環としてインターンシップを正規科目化したことから、昨年から、大学3年生の多くがインターンシップに駆け込むようになった。

インターンシップは企業への就活の一環としてだけではなく、企業のエントリーシート（応募書類）に書かなくてはいけない「社会経験」とするためにも、学生たちは様々な地域で実施されるインターンシップにも申し込んでいる。

これが8月が繁忙期となる地方観光業にとって、願ってもない「猫の手」になっている。そのため、高い広告料を払ってでも、大学生向け就活サイトにインターンシップの広告を出す会社が大幅に増えたのだ。

しかし、相手は学生だ。アルバイト同様にインターンシップを扱ってしまう企業も少なくない。その結果、どうなるかといえば、学生は「地方や観光業には絶対に行きたくない」という、まさに望むことと逆の結果が生まれてしまうのだ。実はこれがインターンシップのジレンマであり、安易なインターンシップがかえって業界の志望学生を減らすことにつながりかけている。

もし、実施するとすれば、大学の授業やゼミで、地方観光業の現状やポテンシャルについて事前に解説し、たとえ単純作業でも学生のためになることを教

え、できれば現場の事前視察もしたうえで実施すべきである。また、学生が実習している期間中は、SNSを使い、大学側は日々の学生の質問や課題に応答していくくらいの対応も必要だ。企業側としても広告で不特定多数の学生を集めるのではなく、きちんと特定大学と協定してモチベーションの高い学生を受けるべきである。そのために全国に観光学科があるのではないのだろうか。

インターンシップの学生のなかには、「旅館で働いてみたい」という気持ちになる学生も少なくない。それは、「いずれ経営をしてみたい」と思う学生で、こうした学生をいかに養成していくかが業界にかかっている。

### 東京に共同で本社を設置

今後、地方の旅館が生き残るためには、地元商圏に特化するか、商圏を都会や海外に広げていくか、の二者択一しかない。後者を選ぶ場合、マーケティング機能を商圏である東京に持たせることが有効で、複数旅館が共同で東京に本社を設置することを勧めたい。複数旅館の資本を統合したホールディングスが望ましいが、一種のボランタリーチェーンの本部としてもよい。集客のメソッドや企画は商圏である東京サイドで決める。以前、団体営業を代行する総合案内所があった（現在もある）が、営業からさらに踏み込み、営業企画や運営支援、そして新規採用も一手に引き受けるのだ。社長は、旅館経営者が交替でやればよい。

今後、旅館は大手企業によるチェーン化が進む。独立した地方の企業がそれに対抗するには、こうした手法しかないと思う。

そして、新卒採用もここで引き受ける。地方旅館とは、一種のベンチャー企業である。新入社員はしばらくベンチャー企業を活性化するノウハウを積み、東京のエキスをうんと吸ったうえで旅館に赴任し、活躍するのだ。本部は、外国人向けのゲストハウスも兼ね、若い人たちだけで運営させ、そこで日常的に英語にも触れるようにする。若い人が地方に就職しないのであれば、「都会」に就職する手法を考えればよいと思う。

いずれ家族を持つようになると、地方に住み、働くほうがよくなるはずだ。

## 海外で外国人人材を育成

　前述した政府の「アクション・プログラム」では、外国人に向けた接遇向上の観点から「外国人材の観光産業への活用」を行うと書かれている。ぜひ推進する仕組みを作ってもらいたいと願っている。

　海外では日本語の学習熱も高い。日本で働きたいという若者も多い。裏方ではなく、接客の現場で働ける潜在力が海外にあるように見える。が、あと一歩、日本語力が足りないのが現実だ。その理由は、海外の日本語学校で日本語ネイティブの先生が不足しているためだ。そのために、接客現場で働けるまで堪能な日本語を話せる外国人はまだ多くない。

　そこで、外国人人材が欲しい日本が「先生」を送り出すのだ。先生とは、日本人の観光客だ。その地に主として日本人を受けるホテルを日本が出資して造る。そのためには、日本人の旅行者が増えていることが必要で、ベトナムあたりがよいのではないかと思う。近年日本人に人気で、出国数ベスト3以内を続けているにもかかわらず、増え続ける日本人を受けられるホテルが少ないためだ。特に、世界遺産が集中する中部のダナンあたりは、昨年から日本からの定期便が就航し、日本人客の激増が見込まれており、温泉も湧く。さらに、中部には日本語を学ぶ学生が1万人も存在する。

　まさに、日本人向けのホテルを造ってくださいとばかりのロケーションに造るホテルで日本語のできるベトナムの若者を雇用し、接客を通じて日本語が上達した優秀な社員を日本に送り込むのだ。

　そして日本で鍛えられた社員は、母国に戻り、さらに日本語を活かせる職場につくこともできる。ホテルが日本語学校となり、日越の架け橋となる。

　こうした人材育成を行うホテルをアジア各地に造り、日本人マネージャーや日本人のお客様がネイティブの日本語を教える先生となることにより、ホテルオペレーションの仕事に就きながら日本語を学ぶことができる。まさに一石二鳥である。

　政府が、外国人材を活用する方向性を示すのであれば、こうした工夫に関しても政府系金融機関の支援をいただきたいところである。

　人材は、期待していても来るわけではない。人材を輩出する上流までさかの

ぼり、新たな仕組みを創造していくことで流れを生むことができる。疲弊する観光産業の現場を救い、訪日外国人6千万人を達成するためにも、政府のアクションプランが絵に描いた餅で終わらずに展開していくことを願っている。

## 2. 必要な宿泊業の定休日

**給与が低く離職率の高い宿泊業界**

毎年、就職活動の時期になると、あるデータが宿泊業を目指す学生の思いを阻む。それは「宿泊業の給与の低さ」と「離職率の高さ」だ。

会社四季報を発行する東洋経済新報社の推計によると、ホテル業の40歳平均年収は介護、警備業に次ぎ低い482万円。トップの総合商社（1,142万円）並みを望むことはないにしても、空運（664万円）、鉄道（613万円）、旅行（592万円）、ウエディング（507万円）に比べても低い。大学新卒3年以内の離職率については、全業界平均では32％だが、宿泊・飲食業に関しては53％とワースト1だが、それも経済環境の良化とともに年々上昇気味だ。

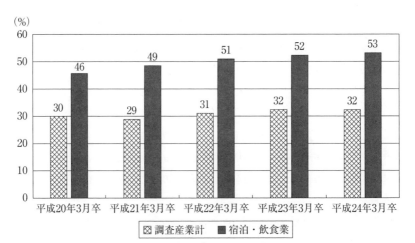

図5-1　新卒者の3年以内の離職率
出所：厚生労働省「産業別離職状況」

## 人間関係がその要因

　なぜ宿泊業の離職率が高いのか。オータパブリケイションズが過去に行った「ホテルは従業員を大切にしているか？」という調査によると、「今お勤めの会社があなたを大切にしていると思いますか」という質問の回答で、実に72％が「大切にしていない」と回答し、「今すぐもしくは良い転職先があれば辞めたい」社員が91％もいる。これが事実であれば、入社後すぐに辞めてしまうのも仕方ない。同時に「希望年収」も調べているが、その平均は577万円（調査対象者平均448万円）であり、100万円以上の開きがあることからしても、辞めたい最大の理由は「給与の低さ」だとまとめている。

　しかし、人材紹介のプロに聞くと、給与の低さは本当の理由ではなく、離職の最大の理由は「人間関係」ではないかという。事実、ホテル業で働く人の悩みをWebで検索してみても、人間関係を理由にする人が多いように感じる。あくまで「給与」というのは、表だって答える時の回答になっているようだ。

　では、なぜ宿泊業では人間関係が問題となるのか。もちろん、決して全てのホテルで人間関係に問題が起きるわけではないが、業績のよくないホテルや旅館に行くと、風通しが悪く、派閥ができ、噂話が絶えないという状況を垣間見ることが少なくない。

　それはおそらく、他の業界に比べ、不規則な労働時間・休日などの職場環境が関係しているのは間違いない。給与が低い介護や警備といった業界も同様であるが、宿泊業は、働く時間も場所も人によって違う。経営者等の責任者の目につかない、狭い人間関係の職場で働く分、「現場の人間関係次第」となってしまうことが多く、それが離職につながってしまっているような気がするのだ。

　ただし、宿泊業界には転職をしながらキャリアアップをして、プロフェッショナルになっていくというルールがある。こうした業界ルールも統計に落としてしまうと、高い離職率という数字となって表れてしまうことも考慮しておきたい。むしろ、これからの時代は、ある程度の離職は「是」であり、転職を積極的に行い、人材の流動性を高めていく時代になっていくと思う。そうした時、かえってこうした組織での経験が生きてくるはずだ。

## トランザクティブ・メモリー

　経営学の専門用語に「トランザクティブ・メモリー」という言葉がある。これは、「組織が情報共有をするために、全員が同じことを覚えているのではなく、誰が何を知っているかを全員が知っている状態」のことを指し、トランザクティブ・メモリーが効いている組織ほど生産性が高いという結果が学術的に示されている。逆に考えると、「全員が同じことを知っている」強いつながりの状態でいることは、組織の生産性上よろしくないのだ。全員が全てを知っている（トランザクティブ・メモリーが不要の）状態では、情報を持たないメンバーが外されやすい。それを回避するためには転勤や異動が有効だが、専門職化しやすい宿泊業では強いつながりの職場になりやすく、情報を持たない若者は馴染む前に離職してしまうとも推察できる。

　では、どうすれば組織全体でのトランザクティブ・メモリーを高めることができるのか。それも「働く時間や場所がばらばら」の宿泊業でだ。

　経営学の様々な調査や実験で明らかになったことは、トランザクティブ・メモリーを高めるために必要なのは、電話でもメールでもなく、「直接対話での情報共有」だという。

　米国のGoogle本社では、社員の生産性を上げるためのプロジェクトを立ち上げ、そこでわかったことは、生産性を上げる唯一の鍵は「他者への心遣いや同情、あるいは配慮や共感といったメンタルな要素の重要性」（心理的安全性）であり、社員相互が「本来の自分をさらけ出す」ことにより、それが高まるという。つまり、インフォーマルな本音での直接対話の機会が、人間関係を保つ唯一の方法なのだ。

　経営学者で早稲田大学ビジネススクール准教授の入山章栄氏は、「タバコ部屋にその機能があった」と指摘する。もちろん、タバコを推奨する意味ではないが、偶然そこで始まった目的もない会話こそに（誰が何を知っているかという情報共有が生まれ）人脈も広がり、生産性向上につながる秘訣があるのだ。

　入山氏は、「部署を超えた同僚との飲み会も同じ機能を果たす」と言う。大企業の中には、新入社員を社員寮への入寮を義務付ける企業も増えたが、それもトランザクティブ・メモリーを作り出す素地を計画的に作り出す効果を期待

しているために他ならない。

　飲み会といっても、同じ部署同士や上司と部下ではダメで、あくまで気を遣わなくてよい仲間同士であることが重要だ。

　また、メールだけのコミュニケーションもよくない。ましてや、チャットアプリのLINEに至っては、LINEグループで強いつながりの状態を作りやすい。若者は「既読」や「返信」を強要されるLINE漬けで、仲間と飲みにも出かけない、となると今や心配この上ない。

　いかにこうした環境から脱皮していくか。その改革のきっかけは「定休日」にあるような気がする。

## 定休日が変えるワークスタイル

　神奈川県の鶴巻温泉に「元湯陣屋」という小さな宿がある。

　旧態依然とした旅館の業務を効率化しようと、近年自社で開発した「陣屋コネクト」というクラウド型業務統合プラットフォームが全国に普及し始め、業界関係者では知られている宿だ。陣屋コネクトは、予約・売上・費用・労務等を一括管理する宿泊業向けの基幹システムのことで、いつでもどこでも、タブレットやスマートフォン等を使って社内の情報を共有できる。元湯陣屋はこのシステムを導入して以降、生産性が向上（従業員一人あたりの収益が大きく改善）したことから、我が社も続こうと導入したいと考えるホテル・旅館が増えている。

　しかし、注意しなくてはいけないことがある。

　元湯陣屋では、全員で情報共有できるようにすることで部署内での暗黙知を全社で見える化し、正社員のマルチスキル化を図り、一人がより多彩な業務に関われるようになったことで、従業員を減らすことができ、生産性は向上した。

　ただ、それだけではなく、同時に「毎週、火・水曜を定休日」にしたことが、とても大きな効果が生んだのだ。

　これにより、月曜日は全員が一斉に退社できる。部署を超え、「明日は休みだから一杯やりに行こう」ということができるようになれば、トランザクティ

写真 5-1　元湯陣屋の定休日の効果（「陣屋コネクトフォーラム 2016」資料より）

ブ・メモリーが向上する。

　定休日を設けたワークスタイルの変革により、離職率はそれまでの 33% から 4% に減ったという。その要因としては「一杯やりに行こうよ」というインフォーマルな関係が全社に生まれたことが大きかったのではと推察している。

　離職率を下げるためには、狭い部署ごとの強いつながりを改め、情報をオープンにすると同時に、部署を超えた直接会話を復活させることが必要で、そのためにもどの宿も「定休日」を設けることも検討していただきたいと思う。定休日を設けても、売上の減少は多少に止まり、利益率や客室稼働率が改善され、ハッピーな結果だけが残ったという。

　そして、離職率が下がり、生産性も向上すれば、給与水準も上がるだろう。

## 3. 人材評価の必要性

### 「何を教えたか」ではなく「何を学んだか」

　近年、学校の教室での学びのスタイルが変わってきている。高校や大学の授業といえば、教室で一方的に教えられるものであり、大学に至っては「酒を酌み交わす仲間」を作るためにゼミにいて、部活とバイトに明け暮れ、「何も学ばなかったことで生きる力がついた」と言わんばかりの学生時代が当たり前だったような気がする。

　しかし、現在、黒板に板書するだけの授業では全く評価されない。メディアでを通じて紹介されることの多い、ハーバード大学マイケル・サンデル教授の「白熱教室」のように、生徒・学生との対話や議論を通じた「アクティブ・ラーニング」が今風であり、生徒・学生にも評価される授業法なのである。

　授業の中で時々、二人一組をつくり、授業の中で解説した事柄を相互に説明させる。「グリーンツーリズムって、どんなことだった？　ジャンケンで負けたほう、説明して」「じゃあ次、勝ったほうの人、説明で足りなかったことを相手に伝えてみよう」。こんな感じだ。

　評価も曖昧さを極力廃するため、授業を進めるたびに「ルーブリック」という評価基準表で学生を評価し、学生と教員で共有する。例えば、筆者が勤務した経営学科では、4年次には「既存ビジネスの改善点や新規ビジネスを提案できる」「データ分析に考察を加え、経営の変化を解説できる」等の到達点がある。そこに至るまでに、今どの段階まで来たかを、レベルや授業内容に応じて何種類もある評価基準表でチェックしていくのである。

　昔は、テストの点数がそのまま評価になった。それは、教授が教えたことをどれだけ覚えたかを測るもので、教授にとっては「教えたら終わり」の楽な評価方法だった。現在は、学生が「何をどこまで学んだか」を相互に評価し、その結果が、教員・学生相互の評価となる。

　そのため、卒業するころになると、昔に比べると、比較的「議論や提言のできる」学生ができあがるという寸法だ。

## 大企業では大学教育は無用？

　しかし、「就活」を経て、社会にでると、学んだことがあまり役に立たないと言われることが少なくない。高校や大学の授業が変わったとしても、社会との連携ができていないのだ。

　まずは、親の問題でもあるが、就職は「大企業」ブランドがまかり通っているため、一部の企業にばかり「就社」希望が集中する。求人がどんなに売り手市場になっても就職活動が激化するのは、「親のために名の通った会社に就職したい」という現象の表れなのだろう。就活が自分のキャリアのためではなく、「親孝行」になってしまっている。

　そして晴れて入社した大企業では、全てではないにしろ、大学で学んだことなどアテにせず、自らの教育研修（という名の洗脳）を行う。議論のできる若手はうっとうしがられ、「最近の若者は何かにつけ、文句をいう」くらいにしか思われない。そんな企業に「就社」してしまったことは、若者にとって「耐性の養成」くらいにしか思われないのではないだろうか。

## 企業を経てプロフェッショナルになれ

　これからの時代、「就職」は必要だが、「就社」は重要ではない。会社を通じて自らを伸ばし、必要不可欠な人材になって初めて給与が上がる。上がらなければ、自らのノウハウをもって、自らのキャリアを開拓する。そういうプロフェッショナルな生き方が求められてくる。

　しかし、残念ながら、大学で整備されているような評価基準が、宿泊業をはじめとする中小企業では用意されていないことが少なくない。そのため、「正しく評価してくれない」という若者の声が大学にも届く。特に、旅館業で、多くの大学で「旅館には就職するな」とささやかれてしまう原因は、経営者の属人的好みや、社員には開示されない業績で評価されてしまうことが要因となり、多くの社員が、自分の評価に納得できず、人間関係がいやになり、辞めていくと言われているためである。

　このままでは、プロを目指す優秀な人材ほど早く去り、無能な人間ほど社内に残るというおそれさえはらんでいる。むしろ、きちんと人材評価をして労働

環境を整備し、満足のできる給与を支払っている旅館企業もあり、そうした優れた旅館が目立たないという状況も生み出してしまっている。

**職業能力評価基準**

　優秀な人材を残し、無能な人間を排除する。厳しい言い方をすれば、そうした人材管理を行うためには、大学と同じようなルーブリック（評価基準）が必要である。厚生労働省では、2011年、旅館業のための「職能評価基準」を作成しており、厚生労働省のホームページからダウンロードできる。旅館ごとにカスタマイズもできるので、こうした基準表の活用が今後必要になってくるだろう。

　これからの中小企業の生き残りは人材の質で決まってくると言っても過言ではない。まずは、業界で人材の能力評価に関するセミナーでも始めてはいかがだろうか。

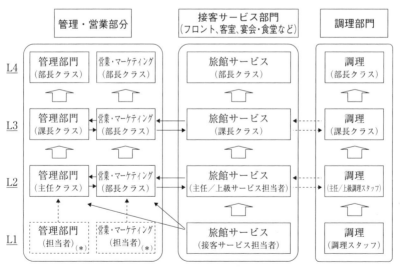

図5-2　旅館業におけるキャリア形成モデル
出所：厚生労働省・職業能力評価基準"旅館業"

## 4. 観光の戦略や実務をどこで学ぶのか

**大学の観光系学部**

現在、「観光」を観光学部や学科、専攻で学ぶことができる大学はおよそ150校ある。学生の多くは、旅行会社や航空会社、ホテルといった観光産業を目指して入学している。こうした大学では多少の違いはあるが、おおむね、観光事業経営、ホスピタリティ、地域活性化の3分野について学ぶことができる。

観光系の大学は結構たくさんあるのだな、という感想を持つ人が多いと思う

**表5-1　旅行会社が採用時に観光系学部・学科を意識しているか**

①大手旅行会社採用担当者は、採用時に観光系学部生を意識して採用しているか　(n=20　2択)

| 1. 意識している | 0社 | 2. 意識していない | 20社 |

②大手旅行会社が採用時に観光系学部制を意識しない主な理由　(n=14　4択)

| No. | 理由 | 会社数 |
|---|---|---|
| 1 | 人物本位で採用しているから | 5社 |
| 2 | 幅広い人材確保のため、特定学部を意識しない | 3社 |
| 3 | 観光系学部での学業が即戦力とはいえないため | 3社 |
| 4 | 観光系学部での考え方と販売スタッフの資質は別 | 3社 |

③大手旅行会社が採用時に基準にしている主な項目　(n=17　5択)

| No. | 理由 | 会社数 |
|---|---|---|
| 1 | 自分の考え方を人に伝える能力。コミュニケーション能力 | 5社 |
| 2 | ホスピタリティ能力。おもてなしの心 | 5社 |
| 3 | 学生時代、目的を持ち最後までやりとげた事柄を持っているか | 3社 |
| 4 | 面接時の第一印象。笑顔が素敵か | 3社 |
| 5 | いやな事を話されても表情に出さないか | 1社 |

出所：「旅行会社と観光系学部学科の教育連携に関する考察」矢嶋敏郎（2013）／週刊トラベルジャーナル　2013年9月30日号

が、観光系学部・学科は日本人だけではなく、中国や韓国をはじめとするアジアからの留学生にも比較的人気が高い。そのため、18歳人口が減りゆく日本に頼るばかりではなく、大学としては留学生確保の手段としても考えているのだろう。

　しかし、こうした観光系の大学で学ぶ学生にとってショッキングな事実がある。それは、希望者が多く就職先希望調査でも常に上位にランキングされる大手旅行会社の採用時に「観光を学んだ学生のアドバンテージはない」という事実である。

　表5-1～5-3は、大手旅行会社の一社である㈱日本旅行広報室長の矢嶋敏朗氏が調査し論文として執筆・発表されたものだが、「観光系学部を意識して採用しているか」と答えたのは、20社中一社もなかった。

　その理由は「人物本位で採用」し、「コミュニケーション能力」や「ホスピタリティ能力」を重視しているためである。加えて「観光系学部での学業は即戦力としては使えない」とも考えられており、「笑顔が素敵」で「いやな事を話されても表情に出さない」ことを重視する企業もある。

### 大学は何のため？

　それでは、いったい大学の観光系学部・学科とは何のために存在するのか。学生にしてみれば、そう考えるのも無理のないことだろう。コミュニケーション能力やホスピタリティ能力とは、果たして大学で学ぶべきものなのか。

　教育社会学者で東京大学教授の本田由紀氏は、こうした能力を「ハイパー（超）メリトクラシー（能力）」と呼び、学業で得ることができるメリトクラシー（客観的に測定できる能力）を超えて、とても曖昧なポスト近代型能力だと指摘している。そのために、企業は学生の成績をあまり参考にせず、面接重視で人材を採用する結果が生まれている。

　おそらく、家庭環境を含め、学校というモラトリアム時代を経て、どれだけ試練を乗り越え、対人能力を培えたかを、企業は問うているのだ。

　そのギャップを表現したのが、図5-3である。学生自身が自分に不足していると思う能力は多い順に「語学力」「専門知識」「簿記」だ。

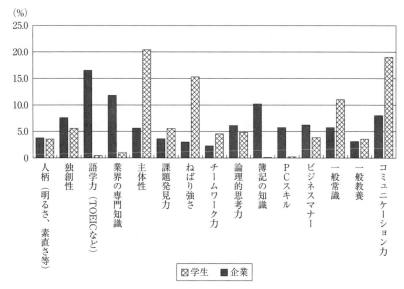

図5-3　学生（自分自身）に不足している能力
出所：経済産業省『社会人基礎力入門書』

表5-2　「社会人基礎力」として定義される3つの能力・12の能力要素

| | |
|---|---|
| ACTION<br>【前に踏み出す力】 | 主体性 |
| | 働きかけ力 |
| | 実行力 |
| THINKING<br>【考え抜く力】 | 課題発見力 |
| | 計画力 |
| | 創造力 |
| TEAMWORK<br>【チームで働く力】 | ストレスコントロール力 |
| | 規律性 |
| | 情況把握力 |
| | 柔軟性 |
| | 傾聴力 |
| | 発信力 |

出所：経済産業省『社会人基礎力入門書』

　一方、企業が学生に不足していると思う能力は、「主体性」「コミュニケーション力」「粘り強さ」である。こうした能力なら学生は大学時代に培ったと思って答えているから興味深い。いかに大学での経験が「なんちゃって体験」で終わっているかだろう。

　企業としては、語学力や専門知識は社会に出てから十分に学べると思っている。それ以前に、学生にはこうした「社会人基礎力」を身につけておいて欲しいと願っているのだ。

この調査を行ったのは経済産業省であるが、同省ではこうした能力を「社会人基礎力」と定義し、大きく３つの能力が必要だと学生に発信している。

近年、文部科学省や大学でもこうした能力（ジェネリック・スキル）を重視するようになってきている。

実際に大学でも、教員向けの研修会を繰り返しのように開催し、ジェネリック・スキルを身につけるためのアクティブ・ラーニング（教えるだけではない双方向の授業形態）やインターンシップ（現場実習）の実践を推奨している。

そうした背景から筆者も多くのインターンシップをはじめとする現場実習に頻繁に関わっているが、最初はあまりの社会の厳しさや理不尽に音をあげてしまう学生が後を絶たない。フォローしないと（別の業界が楽に見えてしまう）「隣の青い芝症候群」を発症し「観光が嫌いになる」ので注意が必要だ。

**専門職大学／大学院の必要性**

このように現代の大学は、社会に応用させるための専門知識を学ぶ場に加えて「むかし、子供がおばあちゃん家に預けられてふだんと違う生活を強いられたり、厳しい田舎のルールにさらされた経験」と似たような「社会体験を学ぶ場」になってきつつある。

こうした社会人基礎力の教育を誰かがしなくてはいけないと考える一方で、これで日本の地域観光がよくなるのだろうかという不安も常に頭から離れない。観光の実務は、市町村職員研修所で自治体職員が、地方銀行研修所で銀行の担当者が、中小企業大学校では商工会の指導員が学んでいたりする。すなわち、社会における組織ごとのクローズドな知識になってしまっている。

オープンな知識としての観光実務を学修する場として適当なのは、おそらく大学院だろう。しかし、大学院といえば研究者養成の場であり実務家養成の機関ではない。そこで登場するのが、専門職大学院だ。専門職大学院は「社会的・国際的に活躍できる高度専門職業人養成へのニーズの高まりに対応するため、高度専門職業人の養成に目的を特化した課程」として、平成15年度に創設された。その特徴といえば、大卒が入学の条件にならないこと（相当の実務経験があればよい）や、実務家教員を一定割合以上配して特定分野に特化し

た実践的教育を施すこと、そして社会人中心で学ぶことにある。有能な弁護士を養成するために数々設立された法科大学院をはじめ、会計大学院、教職大学院、政策大学院が例として挙げられる。

　観光が国家の成長戦略として据えるなら、当然「観光大学院（専門職）」があってよいと思う。現役社会人のために土曜日や夜間の開講も前提となるだろう。地方で勤務する大学院生のためにeラーニングの仕組みがあるのも便利だ。円滑な事業承継のための金融や経営戦略を学ぶこともできるとなおよい。2017年、京都大学が米国のコーネル大学と提携して観光大学院を設置した。こうした機会を全国に広げていくことが大切だ。

　地域の観光の現場では持続的な観光戦略の立案はもとより、着地型商品の企画、リピーターを創るための高等な接客理論や技術など、求められているものは多い。そうした専門知識や能力を養成する場が都道府県ごとにあってもよいはずだ。

表5-3 「専門職大学院」の一例（ビジネス・MOT分野）

| 区分 | 大学院名 | 研究科名 | 学位名称 | 入学定員 | 都道府県 | 開設年度 |
|---|---|---|---|---|---|---|
| 国立 | 新潟大学大学院 | 技術経営研究科 | 技術経営修士（専門職） | 20 | 新潟県 | 18年度 |
| 国立 | 長岡技術科学大学大学院 | 技術経営研究科 | システム安全修士（専門職） | 15 | 新潟県 | 18年度 |
| 私立 | 明治大学大学院 | グローバル・ビジネス研究科 | 経営管理修士（専門職） | 80 | 東京都 | 16年度 |
| 私立 | グロービス経営大学院大学 | 経営研究科 | 経営学修士（専門職） | 480 | 東京都 | 18年度 |
| 私立 | 事業創造大学院大学 | 事業創造研究科 | 経営管理修士（専門職） | 80 | 新潟県 | 18年度 |
| 私立 | 早稲田大学大学院 | 商学研究科 | 経営管理修士（専門職） | 195 | 東京都 | 19年度 |
| 私立 | 中央大学大学院 | 戦略経営研究科 | 経営修士（専門職） | 80 | 東京都 | 20年度 |
| 私立 | 事業構想大学院大学 | 事業構想研究科 | 事業構想修士（専門職） | 30 | 東京都 | 24年度 |

出所：文部科学省「専門職大学院制度の概要」

また、2019年度には専門職大学制度が計画されている。これは、既存の観光系専門学校などが2年制または4年制大学として、現場のマネジメント即戦力となる若者を育てようという新制度だ。こうした大学が全国各地（特に地方）にできることは人材不足の観光産業にとって大歓迎であろう。

## 5.「起業したい若者」に未来を託そう

### 地域おこし協力隊起業研修会

　毎年、東京都内で全国から100名以上の若者が参加して「地域おこし協力隊」向けの起業研修が開催される。地域おこし協力隊とは、一定期間（最長3年間）、U・Iターンの若者が地域に移住し、自治体からの委嘱を受けて地場産品の開発・販売や農林漁業や観光業の支援などの地域協力活動に従事する総務省の事業だ。その目的は、若者たちの地域への定住であるが、その成果として、これまで約6割もの地域おこし協力隊員が委嘱終了後に移住したという。しかし、残念ながら、そのうち起業した人の比率は約1割と少ない。

　そこで、地方で新たな地域ビジネスを興してもらおうと、この起業研修会が開催され、有料にもかかわらず、多くの協力隊員が参加している。

　熱い思いを持った30代中心の若い協力隊員が研修会に持ってくる事業計画書の内容は多岐にわたるのだが、参加者のうちの多くが観光ビジネスを志向しているのに驚く。この熱意が実現すれば、どれほど地域のためになることだろう！

　ところが、問題は自己資金だ。まだ若いせいもあるが、少ない手元資金で考える事業が多いので、まだまだ事業としては小さくまとまりすぎている。しかし、ここから得た自己資金を元手に投融資を受けてビジネスを大きくすることができればよい。この研修では、そのための事業計画のブラッシュアップが目的となっている。

## 資金がなくともできること

　そのため、彼らにはまず、最低3年間、起業準備期間として「最低限の資金を貯める」ことを目標にしようと説く。その期間があれば、都市に出て稼いだ方がお金は貯まるだろう。しかし、協力隊の期間に得た地域の人脈やコネクションは宝であり、それを活かせるポジションで居続けることが重要だ。地域を出てしまうと、せっかく得た問題意識も薄れてしまう。

　資金がなくともできる仕事として、地域に詳しいという強みを活かし、ガイド業を始めたいという若者も多い。登山ガイドや外国語ガイドを目指したいという人もいる。しかし、残念ながらそこに立ちはだかるのが、通訳案内士法（外国語での旅行者案内は通訳案内士に限られる）や「そもそもガイドに高い報酬を支払う需要が多くない」という障壁だ。しかし、一般的な観光ではなく、登山や特別な趣味に特化したガイドであれば、潜在的な需要があると思う。

　あるいは、旅行業を始めたいという若者もいる。「着地型観光（現地発着ツアー）が今後伸びる」と言われ続けている時代、そのツアー企画をやりたいという。専門旅行会社が少ないので、起業したいとのこと。これもその気概をぜひ買いたい。確かに、地域限定旅行業は確かに大きな資本がなくとも個人でも始められる。しかし、そのツアーをどうやって売るかが問題だ。近年では、観光協会やDMOが旅行業登録して、現地発着ツアーを企画することも増えてきたので売れるように見えるのかもしれないが、まずは「今来ている観光客に、当日申込みも含めて販売する」ことから始めていけば活路は開けると思う。

## 起業したい若者と宿泊・飲食業界の連携

　そういう若者とうまく連携できればおもしろいと思う業界がある。宿泊・飲食業界だ。

　ガイドをやりたい。地域限定旅行業をやりたい。そうした地域ビジネスに最も近いのが、「卒業後3年以内離職率」でワースト1という、あまりよろしくない看板をもらっているこの業界だ。しかし、「若い人が辞めやすい業界」というレッテルを逆手に取る方法だってある。茨城県日立市の国民宿舎鵜の岬

は、接客サービスを通じて、ホスピタリティが育つため、高卒のわが子をまず入れたい地元企業として知られている。そのおもてなし精神から、客室の稼働率も国民宿舎日本一を続けてきた。この宿では、20代も後半になると若者たちは卒業していく。つまり、就職で得た接客リテラシーを武器にキャリアアップのために転職したり、結婚退職していくのだが、同じように、宿泊・飲食業界は「若者のインキュベーター（孵化器）」となり得ることができるはずだ。このスタイルが定着すれば、企業側は人件費を増やすことなく、地域のために若手を育てることができる。

　その一手法として、宿泊・飲食業でガイド業や地域限定旅行業に進出する。もちろん、自社の現場でも働いてもらうのだが、一方で、新たな付帯事業の専任社員として、若者を雇用。ツアーガイドや地域限定旅行業の企画・販売部門で働いてもらう。付帯事業に人を割くまで余裕がないというのなら、就業規則上、社員を自社業務に縛らないようにして、勤務時間外や休日にはそうした業務を副業として展開できるようにする。そうすれば、いずれ地域で起業したいという若者と、人が常に不足がちな宿泊・飲食業の相互補完ができるのではないだろうか。

## 地方創生で求められているイノベーション

　おそらく、これまで地域おこし協力隊を委嘱する自治体と宿泊・飲食業との間で、こうした議論が持たれたことはないだろう。宿泊・飲食業の社員がガイドになったり、旅行業の企画・販売を行おうと考える発想自体が双方になかったと思う。

　海外では、オプショナルツアーは地元のホテルが販売しているのに、なぜ日本では、地元宿泊業がオプショナルツアーを売らないのだろうか。厳密に言えば、旅行商品を受託販売するためには、旅行業か代理業の登録が必要で、その資格を得るために旅行業務取扱管理者がいなくてはならず、その試験がとても難しいため、取ろうという宿泊業がないためなのだが、「Webでツアー商品を販売する旅行業者が、宿泊・飲食業をアフィリエイターとしてとして登録」すれば、旅行業法に縛られないでできるはずだ。観光庁も、管理者資格の緩和も

計画している。

　通訳案内士も、旅行業務取扱管理者も、既得権を持つ団体がなかなかその緩和を認めてくれないということだが、国が対策をしている間に、具体的実践事例を作りさえすれば、地元だけでも風穴は開くはずだ。これからの目玉は「地方創生」だ。「自立性」があり、「将来性」を伴い、「地域性」に満ち、雇用を生む「直接性」のある事業に国は予算をつけるという。その裏側で言わんとしているキーワードは、「地域イノベーション」だろう。これまでの発想をくつがえし、若い人たちに魅力のある地方を作れ、という待ったなしの掛け声が聞こえる。

　2020年には東京オリンピックが開催され、今後、日本は外国人旅行者で賑わうと楽観的に考えるのもよいかもしれないが、その前に紛争が起き、くすぶり続けてきた世界中の火薬庫が爆発したり、エボラ出血熱に続く新たな人類の敵が生まれたら、一瞬のうちに訪日外国人需要は萎む。平和を願いながらも、そうした悲観的な予測も胸に秘めつつ、抜本的に地域観光を見直すことが必要だろう。そもそも、地球上の生産年齢人口の減少が始まった。過去に「失われた20年」に日本がたどったような低成長・賃金の低下が世界中で起これば、紛争が起きなくとも観光需要は鈍化するとも想定できる。

　新しいイノベーションが必要なのに、「人材不足」で新しいことができない。そう思った時、「地域観光で起業したい」――そう考える若者が少なくとも毎年100人以上いるということを忘れないでいたい。

## 6. 地域観光に最も必要なイノベーション

**新たな旅館再生**

　信州・湯田中温泉に6室の小さな宿が誕生した。「加命﨑湯（かめのゆ）」は、宿の所有者であるオーナーが常連客を取る宿として運営してきたが、高齢により休業した。しかし、これ以上「宿の灯を消してはならない」と、地元老舗旅館「よろづや」の小野誠社長が旅館再生に向けて動いた結果、よろづや社員として5年間働い

てきた高山京平さんが運営者として手を挙げ、改装を経て再生にこぎつけた。弱冠31歳の高山さんはこれを機に結婚。新しい人生の第一歩を踏み出した。

改装資金は、八十二銀行が中心となり設立したALL信州活性化ファンドが出資し、湯田中

写真5-2

温泉を再生するために創られたまちづくり会社「WAKUWAKUやまのうち」が捻出した。そして、特筆すべき点は、旅館建物内にはオーナー一家が継続して住み、オーナーからの長期賃借契約で運営している点である。おそらく1万軒以上に上るであろう全国の休業旅館や既に廃業した旅館の多くは、自宅として使われている。そのために売買もできずにいる。しかしそうした環境を逆手に取り、旅館を再生する手法を加命廼湯は示してくれたのだ。

調理場はオーナー一家が台所として使うために、旅館では使えない。そのため、加命廼湯は一泊朝食式だ。朝食は「よろづや」で仕込みを終えたものを運び、夕食は出さないのだが、結果としてこれが幸いしたと思っている。

温泉街には「WAKUWAKUやまのうち」が投資したビアバーやカフェがある。宿泊客は、夕食をまちなかのそうした食堂に食べに行く。地獄谷のサルを観に来た外国人はよく使っているが、今後は日本人もどんどん夜の街に出るのがいい。できることなら、ただ客を外に出すだけではなく、旅館のキャッシュ確保のためにも、海外リゾート地のような夕食ミールクーポンを開発できればなおよいと思う。

実は、こうして夕食なしで事業を設計しておけば、旅館の利益率は確実に高まるはずだ。

## 宿が潰れる根源的要因

旅館は3K職場と揶揄され、後継者もいない産業に成り下がってしまった感がある。後継者不在は資本力不足を呼び、改装もできずに老朽化し、廃業をす

る旅館が後を絶たない。

　その根源的な要因として、低い客室稼働率に加えて、「品質に比べて単価が低すぎる」という事情がある。これは今に始まったことではなく、業界全体を覆う「罠」のように存在してきた。労働生産性が低いと言われる理由のひとつでもある。

　何が低いかというと「室料」だ。室料が低いために食事料を上乗せし、一泊二食で販売してきた。単価を上げるために旅館は食事の質・量を増すので、そのため旅館の料理は「一泊いただけば十分」の「食べきれない」ものになってしまった。

　本来は、室料を正常化させる必要がある。現在の旅館料金は一室1〜2名で入った時の1名あたり単価が低すぎ、4〜5名が高くなるように設計されている。そのため、合宿のような低単価で一室に詰め込める団体が儲かる仕組みになっており、1〜2名客が中心の今になってもこれが全く改善されていないのだ。おそらく旅館の料金を設定する際、室料をベースに算出せず、単に一泊二食料金を競合旅館と比較して設定したがためにどの旅館も同じ罠にはまってしまったのだろう。

　現在の旅館料金は室料と食事料の割合は概ね5対5で、仮に一泊二食12,000円の宿があるとすれば、それぞれ6,000円といったところである。食事料の6,000円のうち2,500円程度が食事の原価だ。もし、筆者がこの旅館を再生するとすれば、同じ12,000円でも、室料を9,000円とし、3,000円のミールクーポンを付けて外に食べにいってもらう。室料を高くし、食事の原価をなくすなり、減らすなりする。

　現在の旅館の料金制度では、お客様も一泊しかしていかずに客室稼働率を稼げず、年々増える一人旅を排除して、グループを追いたくなるために単価も下がる一方、食事の原価ばかりがかかり、利益が出ない仕組みになっているのだ。

　室料の正常化ができない理由として、一泊二食制が旅館に客を囲い込み、食べに行く町の食堂まで潰してしまったこともあるが、旅館業のこの商慣習の制度疲労に地域全体で気づき、リセットすることが地域再生の第一歩だと気づい

てほしい。

### 事業モデルの転換期

　ところが、なかなか改善が進まない。その理由として、20年前までの日本の戦後経済成長を名実ともに支えてきた団塊の世代の存在がある。日本のほぼ全ての旅館が、この世代の客に長年支えられてきた。しかし、この客層も70歳を超えた。「外に食べに行くのはつらい」「外国人のいる旅館には泊まりたくない」「おもてなし（という無料サービス）こそ旅館は大切にすべきだ」。こうした声に延々と応えている限り、改善は進まない。

　後継者のいない産業になってしまったのは、いつまでも経営者と同世代の高齢客だけに支えられてきたためという背景もあると思う。もちろん、こうした世代にはこれまでの経済を作ってきてくれたという感謝の念も絶えないのだが、将来を見越した時、大きな転換点に差し掛かっているのも確かだ。今のままでは、後継者不足で旅館業は先細りし、ひいては、地域観光も宿泊客不足で間違いなく縮小していくことになる。

　今後、地方自治体も地方の旅館業も「『客数』を追う人口増加期の事業モデル」を脱し、「『単価と質』を追う人口減少期の事業モデル」に完全に転換しなくてはいけない。そのために、人口増加期を支えてきた先達のやり方を否定していくことも必要なのだ。

　その際、政府発表の方針にも気を付ける必要がある。一例として、訪日外国人を2020年に4千万人に引き上げるという数的目標も、斜に構えて考えれば、「相続税に悩み始めた高齢者の個人資産を『外国人向け民泊用アパート』という節税のできる不動産投資に誘導するためのネタ」とも考えることもでき、誰も達成の保証はしていない。ただ折角の目標だ。組織内で稟議を通すためのデータとしては活用させてもらいつつ、「数を追う」以外の目標を持つことも必要だ。観光庁も目標の単位を客数だけとせずに、消費額も高めようとしている。

　ところが、地方自治体のなかには相変わらず、単純に「客数」だけを目標としてしまっているところがある。もちろん、客数を増やしてもよいのだが、こ

れだけでは事足りない。正しく「客数」を追うのであれば、「のべ客数」、つまり「一人あたりの旅行回数（リピーター数）」と「泊数」を増やす目標にすべきだ。これから日本人の人口は減っていく。旅行回数と泊数の増加なき数的目標は、地域の環境負荷だけを招く「絵に描いた餅」に過ぎない。

　そして、2010年前後を境に、いよいよ欧米中韓をはじめ、地球上の生産年齢人口の減少が始まった。これからは、そうした国々の経済も日本の後を追うように停滞・成熟が始まると推測できる。過去のことばかりを前提にし、将来を推測しなければ何も始まらないと思うのだ。

　一方で、日本が生産年齢人口を減らしたこの20年間、日本のGDPは500兆円前後で横ばいに推移した。GDPは「生産年齢人口×労働生産性」で表されるとすれば、この20年間で日本の労働生産性は向上したことになるのではなるはずだ。生産年齢人口の増加に伴いGDPを増やしてきた各国とは今後差がつき、これからは日本の国力が復活する可能性も高い。世界的な経済の停滞・成熟とは裏腹に日本の復活を予測したその時、見えてくるのは、インバウンドばかりに依存しない「日本人の新たな市場の創造と転換」だ。

### 新たな旅館業の誕生

　これからの観光・温泉地を支える日本人の新たな市場。そのひとつは、新・湯治宿のそばにできる新たなサテライトオフィスに働きに来る都市労働者たちだ。現在起きている「働き方改革」は、日本人が人口増加期に培ってきた労働のあり方の歪みが一気に露呈したものだ。

　今後、働く時間と場所に拘束される働き方からは徐々に解放され、最も生産性の上がる働き方へとシフトしていくだろう。その際、自然や温泉に恵まれた地方の観光地はうってつけの「働く場所」となる。つまり、都市で働くばかりではなく、子育ての時期には、あるいは毎年、毎月の一定期間には、都市を離れ、wi-fi等の仕事をする環境と滞在スペースとしての「宿」が整った地方で働くことで、人間性も生産性を高めていくという時代がくると思う。

　かつての旅館も、新たな労働環境を提供する「滞在型ジョブスペース」となり、「非日常客」から「日常客」への転換が図られるようになる。客室稼働率

はなくなり、ルームシェアの発想で（カーシェアリングのように）回転率でカウントされるようになる。24時間いつでも好きな時間に部屋が借りられ、予約はスマホで済ませることができる。玄関と各部屋の入口にはスマートキーが設置され、スマホをかざすだけで本人確認ができる。精算ももちろんスマホで済ませることができる。滞在中の食事は、まちなかのカフェやレストランで食べるか、ケータリングをする。

　この時の宿は、加命廼湯のように、オーナーが自宅として済みながら再生された「かつて廃業を考えていた旅館」だ。運営するのは、一定期間、旅館で働きノウハウを得た若手で、数軒をまとめて担当する。全国の宿はフランチャイズ化され、フランチャイザー（本部）が法人と契約し、法人の社員はお好みの宿に仕事を抱えて滞在するようになる。

　これは夢物語ではない。現に加命廼湯がその先駆けとして誕生した。そして都市の様々な企業が旅館業に参入しようという胎動が見られる。地方は、日本の労働を支える新たな役割を担う時代に差しかかろうとしているのだ。もっと簡単に言うと、「客数の減る時代」に合わせて、旅館は今後コペルニクス的な転換を遂げようとしているのだ。

## 今やるべきこと

　まずは、「宿が減れば観光客は減る」自明の理を、全ての地域観光に関わる皆が共有することから始まる。日帰り観光ツアーばかり作っても、観光消費額は増えず、経済効果は少ない。後継者がいない中で「宿の灯をいかに守るか」が地域に課された最大の課題なのだ。

　観光協会やDMOの役割は、海士町観光協会のように宿を支えることだ。販売だけではない。清掃や送迎等の宿の運営者だけではやり切れないオペレーションの支援もそうした人々の役割だ（と思うのだが、全くそう思われていないので危機感が高まっている）。

　旅館も、人手不足を嘆く前に、自らの労働環境を見直したほうがいい。報酬よりもまずは休日の確約だ。いつ休めるかわからないような職場に人手を集めるのは難しい。そのためには定休日を設けよう。お客様や旅行社の声より

も、働く人の声を大切にしたほうがいい。そして「将来ののれん分けも前提」として、人材を集めよう。旅館業で採用ができないのは「将来のキャリアが描けない」ためだ。一生、同じ旅館で働こうなどという人材はそうそういない。人材を育て、運営規模を広げていくのだ。血縁の後継者に代わる新たな事業承継者の姿が見えた時、旅館業の資本不足解消が始まっていく。

地域観光を活性化するために唯一必要なもの。それは、これまでの発想の延長にはない様々な観光の「イノベーション（破壊的創造）」なのだ。

## 7. 2025年の温泉地 —— 変わる旅館のビジネスモデル

**2025年を予測する**

英国の経営学者リンダ・グラットンが著す『ワーク・シフト〜孤独と貧困から自由になる働き方の未来図〈2025〉』という本が、世界中の20〜30代のバイブルとして注目を浴びた。その理由は、タイトルの通り、漠然とした将来不安の中で「現在の仕事のあり方が適切なのか」思い悩んでいる若者が多いからだろう。

2025年の世界を予測して自らのキャリア作りを勧める著者によると、「テクノロジーが進化」し「グローバル化が進展」する2025年には、一企業でしか使えないノウハウより社会で使える専門技能が重視され、様々な人的ネットワークにより協業するスタイルで仕事をするようになり、大量消費から経験重視へと経済・社会の軸足が移るという。

シナリオがいくつか示されているが、女性の社会進出等により少子化が進む結果、社会保障の負担から若者の消費性向は変わり、コミュニケーションにかかる費用や金融投資に比べ、「温室効果ガスを排出する航空機を使った旅行」は減るという観光産業にとっては明るくないシナリオもあった。わかりやすく、合理的に現代の延長線を示しているので、若者ではなくとも一読に値する。

誰もがこのまま未来を漠然と迎えるとどうなるか。「いつも時間に追われ続

け」「孤独にさいなまれ」「ナルシシズムに満ちた」社会になってしまうと著者は説く。しかし、そうならないために、多くの国で、ゼネラリストを卒業し、創造性と人脈を武器に専門職を重ねていく「断続的スペシャリスト」が増え、皆で協力して仕事を成し遂げる「コ・ワーキング」スタイルを採り、一時の報酬より「経験の積み重ね」を重視した主体的な生き方をするようになるだろうと示す。

さて、こうした生き方にシフトしていく人が増えると仮定した時、地域の観光地はどうイノベーションを図っていくべきか。社会が変われば事業も変わる。まさに、こうした社会の出現を予測し、動き始めている事例を3つご紹介しよう。

### 日帰り専門温泉宿

山形県蔵王温泉に「かわらや」という温泉ファンに人気の宿がある。2011年、不幸にして全焼してしまったのだが、全面建て替え、日帰り専門旅館として復活した。火事という事故がきっかけだったにしろ、新たな出発は「日帰り専門」という選択を採った。

あるいは、青森県に「津軽おのえ温泉福家」という宿がある。少し前までは、フラワーランド温泉という日帰り温泉だった。その宿が経営者を交替し、民芸調の宿となった。逆に個室を4室設け、「日帰り湯治」と銘打ち、湯上がりに個室で食事をしたり、のんびりしたり、有料で客室を90分間利用できるシステムにした。

埼玉県では株式会社温泉道場が運営する「温泉カフェ」や「グランピングのできる日帰り温泉」が注目を浴びている。若者は、これからはネットカフェではなく、温泉カフェでオール（徹夜）するのが当たり前になってきそうだ。

今後、こうした日帰り専門温泉宿が増えてくるだろう。これは、労働時間が多様化し、休みを一緒に取り難くなるため、宿泊から日帰りへとニーズがシフトする結果でもある。事業者サイドとしては、人件費、燃料費、食事原価面等でダウンサイジングが可能だ。小規模旅館のイノベーションの選択肢のひとつとして、今後増えていくだろう。

### 温泉×コ・ワーキングスペース

　宮城県東鳴子温泉の老舗湯治旅館「旅館大沼」は、2012年、クラウドファウンディングを活用して400万円を調達し、湯治棟を「コ・ワーキングスペース」として改装した。湯治客が減る一方で、将来を見渡せば「温泉に滞在して仕事をする」というスタイルが伸びるだろうと考えた。（写真5-3）

　Wifi環境が整った温泉宿の個室に滞在しデスクワーク。階下に下りれば共創の場となるラウンジ。共同で調理するもよし、半自炊もよし。時々近所の畑に出かけたり、もらい湯（他旅館の風呂をいただく）も自由。

　コ・ワーキングというスタイルは、すでに筆者も東京のオフィスではそうしている。「ミニ起業家」が増えていく時代、各地でシェアオフィス、サテライトオフィスが増えていくだろう。温泉地なら、新しいコラボレーションの可能性を生み出すだけではなく、「自然に触れることで人間本来の力を取り戻すことができる」と考える大沼氏の思惑が当たるに違いない。

### 脱・一泊二食型温泉地 ── 新時代の湯治場

　甲信越地方のある温泉地では、地域金融機関もオブザーバーとして参加し、着々と脱・一泊二食が進もうとしている。そのきっかけは、後継者不足と宿泊者減少が続く中、会議で「食事を提供せず他館に食事を任せる宿」と「自館の客に加え他館の食事客も受ける宿」のどちらがよいか尋ねたことだ。すると、9割が前者を選択した。

　温泉街中心部にある廃業旅館をリノベーションして食堂化。地域の女性部が行う地産地消料理のケータリング基地とする。旅館から出前の依頼があると、弁当が部屋に届けられる仕組みだ。もちろん、食べに来てもよい。

　2017年にはついに65歳以上の人口増加も止まり、今30～40代のファミリー客も少子化の影響で減少し、現役世代は多忙で旅に出られず、今後温泉地の宿泊客は確実に減っていく。そのため、次世代が経営をになう時代には、全く新しいビジネスモデルで運営しない限り温泉地は成り立たない。その解決策のひとつが「滞在」なのだ。この温泉地では主客層を65歳以上に据え、連日温泉地発日帰り旅行を企画する。「晴耕雨読」をキーワードとし、食事は自由

第5章　最重要課題は人材育成　223

写真5-3　「湯治をしなからコ・ワーキング」
出所：株式会社大沼旅館資料（アレックス株式会社作成）

化し、単価を下げて客室稼働を維持していく。

　リンダ・グラットンがマイルストーンとした 2025 年まであと数年。「その時はもうこの世にいねえや」と冗談を言っている人は、早く次の世代に任せたほうがいい。この数年間、日本経済と社会が何事もなく進むとも思えない。現役世代の「日常」の需要も温泉地として吸収していかねばならないだろう。その前提として、その時、日本人がどういう働き方をしているのかを予測し対応を練ることはとても重要なことなのだ。

## 主要参考文献

増田寛也『地方消滅──東京一極集中が招く人口急減』中公新書、2014年
水野和夫『資本主義の終焉と歴史の危機』集英社新書、2014年
藻谷浩介『デフレの正体』角川新書、2010年
デービッド・アトキンソン『新・観光立国論』東洋経済新報社、2015年
飯田泰之ほか『地域再生の失敗学』光文社新書、2016年
原田曜平『ヤンキー経済消費の主役・新保守層の正体』幻冬舎新書、2014年
JTB協定旅館ホテル連盟『JTB旅ホ連ニュース』2012年6月号
リクルートライフスタイル『じゃらん宿泊旅行調査2016』
『7日間で人生を変える旅』A-WORKS、2010年
観光庁『宿泊旅行統計調査』
観光庁『旅行観光消費動向調査』
観光庁『通訳案内士就業実態調査』2008年
国土交通省『訪日外国人の消費動向』2014年
財務省『法人企業統計』
厚生労働省『毎月勤労統計調査』
岩崎宗純『箱根七湯』有隣堂、1976年
内田彩『近世後期における温泉地への旅と滞在生活に関する研究』立教観光学紀要第14号、2012年
高城剛『人口18万人の街がなぜ美食世界一になれたのか』祥伝社新書、2012年
深井甚三『江戸の宿』平凡社新書、2000年
『会社四季報業界地図2016年版』東洋経済新報社、2015年
入山章栄『ビジネススクールでは学べない世界最先端の経営学』日経BP社、2015年
リンダ・グラットン『ワーク・シフト──孤独と貧困から自由になる働き方の未来図〈2025〉』プレジデント社、2012年

## あ と が き

　北半球を襲った長きにわたる小氷期で、江戸時代の日本は飢饉や困窮が続き、人口は増減を繰り返していた。温暖な静岡県の蒲原にも大雪が積もったのではないかという光景を広重が描いたのもこの頃だ。まえがきで示した絵の不思議さとは、広重はなぜ「温暖な地の絵を雪景色にしたか」だ。それは、この時代の厳しさを暗示したかったのではないだろうか。
　江戸時代の庶民は講を作り、伊勢や善光寺に参拝に出かけた。その際に宿泊したのが旅籠である。一方、各地に湧く温泉地は湯治場として人々の療養の場となり、木賃宿とも呼ばれる湯治宿に滞在して体を癒した。
　そして、ふたたび生産年齢人口も総人口も減少に転じた日本や地球上において、今後参考にすべきは江戸時代のような定常化した経済ではないか。その時には、ヘーゲルの弁証法的に湯治宿も進化し、新・湯治宿として日常生活や労働を支えていく存在になるかもしれない。観光は非日常ではなく、日常の延長となり、働き方改革の中に取り込まれていく。
　30年にわたり、観光に携わり、旅館業の仲間たちと会話をしていると、そんな未来が近づいていることを感じる。

　そうした思いを、第四銀行のシンクタンクである新潟経済社会リサーチセンター発行の「センター月報」に連載をしてきた。本書はその連載を再編集したものである。連載の再編集ゆえ、同じ話題が何度もでてきてくどいとか読みにくいといった点は筆者の編集力や文章力のなさに起因するもので、どうか伏してお赦しを願いたい。
　末筆ながら、6年以上の連載を続けさせていただいている新潟経済社会リサーチセンターと本書出版に関して研究費をねん出していただいた高崎経済大学には心からの感謝を申し上げたい。

本書の発想の一端が、観光業に携わる関係者の刺激やたたき台となり、議論が進んでくれることがあれば望外の喜びである。

2017 年 8 月

　　　　　　　　　　　　　　　　　　　　　　　　　　　　高崎にて

■著者紹介

井門隆夫　（いかど　たかお）

（高崎経済大学地域政策学部准教授）

（株）ジェーティービー、（株）ツーリズム・マーケティング研究所主任研究員、（株）井門観光研究所代表取締役、関西国際大学准教授を経て現職。専門分野は、観光イノベーション及び旅館業経営。

## 地域観光事業のススメ方
― 観光立国実現に向けた処方箋 ―

2017 年 12 月 10 日　初版第 1 刷発行

■著　　者───井門隆夫
■発 行 者───佐藤　守
■発 行 所───株式会社　大学教育出版
　　　　　　　〒700-0953　岡山市南区西市 855-4
　　　　　　　電話 (086) 244-1268　FAX (086) 246-0294
■印刷製本───モリモト印刷㈱

©Takao Ikado 2017, Printed in Japan
検印省略　落丁・乱丁本はお取り替えいたします。
本書のコピー・スキャン・デジタル化等の無断複製は著作権法上での例外を除き禁じられています。本書を代行業者等の第三者に依頼してスキャンやデジタル化することは、たとえ個人や家庭内での利用でも著作権法違反です。

ISBN978-4-86429-478-2